아기는
놀이에서
배운다

모니카 알뤼, 안야 베르너, 안케 친저
아기는 놀이에서 배운다

엠미 피클러 보육학 시리즈 01

원표제: Monika Aly, Anja Werner, Anke Zinser: Spielen ist Lernen
2017년 독일어 초판의 2019년 제2판을 한국어로 번역함

1판 1쇄 인쇄 2019년 12월 10일
1판 1쇄 발행 2019년 12월 15일

지 은 이 ㅣ 모니카 알뤼·안야 베르너·안케 친저
옮 긴 이 ㅣ 이정희

발 행 인 ㅣ 이정희
발 행 처 ㅣ 한국인지학출판사 www.steinercenter.org
주   소 ㅣ 04090 서울특별시 마포구 독막로 230 우리빌딩 2층*6층
전   화 ㅣ 02-832-0523
팩   스 ㅣ 02-832-0526
기획제작 ㅣ 씽크스마트 02-323-5609
북디자인 ㅣ 이정아

ISBN 979-11-968748-0-3 03370

- 잘못된 책은 구입한 서점에서 바꿔 드립니다.
- 이 책은 한국인지학출판사가 독일 베를린 소재 Pikler Gesellschaft Berlin의 허락을 받아 2019년 제2판을 번역 출간한 것입니다.
  이 책의 내용, 디자인, 사진, 편집 구성 등의 전체 또는 일부분을 사용할 때는 발행처의 서면으로 된 동의서가 필요합니다.

- 이 도서의 국립중앙도서관 출판예정도서목록(CIP)은 서지정보유통지원시스템
  홈페이지(http://seojinl.go.kr)와 국가자료공동목록시스템(http://www.nl.go.kr//kolisnet)에서 이용하실 수 있습니다.

후원계좌 ㅣ 신한은행 100-031-710055 인지학출판사

아기는 놀이에서 배운다

한국인지학출판사
KOREA ANTHROPOSOPHY PUBLISHING

Spielen ist Lernen

서문   안나 터르도시 • 6

1 영아반, 놀이, 움직임   11

2 첫돌까지의 놀이 주제들   19

　　생후 첫 몇 주간의 놀이와 체험 • 20
　　생후 4~6개월 • 28
　　생후 7~9개월 • 36
　　생후 10~12개월 • 40

3 만 1~2세의 놀이   51

　　탐색놀이의 주제들 • 53
　　상징놀이에서 역할놀이로 • 72
　　다양한 구성놀이들 • 77
　　전래놀이와 지도를 받아 하는 놀이들 • 91

CONTENTS

4 자유 놀이의 교육적 동행   95

어른과 영아반 아이들 • 96
언어적 동행 • 102
놀이 환경 준비하기 • 107

5 안정감과 자유놀이   127

참고 자료 • 133
사진 출처 • 135

서문

안나 터르도시 Anna Tardos*

_____ 갓난아이와 어린아이의 자유놀이가 어떻게 발달하는지에 관심을 가진 모든 독자에게 이 소책자를 기꺼이 추천합니다. 영아기의 놀이 발달은 아이마다 그 양상이 다르며, 한 아이에서도 여러 작은 단계로 나뉘어 이루어집니다. 현장 체험을 충분하게 쌓은 세 명의 저자는 눈에 띄지 않아 놓치기 쉬운 미세한 발달 단계들까지 주목합니다. 이 자료는 아주 어린아이들을 맡은 현장 교사가 영아의 놀이 발달을 돕는 데 꼭 필요한 여러 사항을 알려줍니다.

여기에는 영아반의 공간 구성, 발달에 적합한 놀잇감, 그리고 성인의 역할에 대한 구체적인 조언도 도움이 됩니다. 저자들은 어린아이가 그룹에 있어도 스스로 선택한 개별적인 활동을 아주 다양하게, 저마다의 월령과 성숙 정도에 맞게 할 수 있도록 아이들에게 어떤 조건을 제공해야 하는지 보여줍니다.

  자신들에게 늘 편치만은 않은 그룹 상황에서 어린아이들이 얼마나 평화롭고 변화무쌍하게 놀게 되는지를 결정하는 것은 아이들이 느끼는 안정감과 기본 욕구의 충족과 편하고 친숙한 분위기의 유지입니다. 이런 상황이 만들어질 때 비로소 어린아이들은 감정적, 인지적, 사회적으로 잘 발달합니다. 이 책은 영아 그룹에서 어떻게 자유놀이가 방해 받지 않고 이상적으로 이루어질 수 있는지, 그리고 이를 위해 교육자인 성인들의 중요한 과제가 무엇인지를 실질적으로 제시해 줍니다.

  젖먹이와 어린아이는 집중적이며 끊임없이 발달하고

있다는 특징을 지닙니다. 이 성숙 과정을 확실하게 알면 다음 발달 단계를 미리 짐작하여 그것을 토대로 아이의 놀이 활동에 필요한 환경을 마련할 수 있게 됩니다. 교사의 이런 역량은 영아에 대한 지식과 경험, 어린아이의 행동에 대한 신중하고 면밀한 관찰에서 얻어집니다. 영아 전담 시설과 돌봄 그룹에서는 많은 아이들이 한 공간이나 마당에서 함께 활동하는 경우가 흔합니다. 이때 각각의 아이가 자신을 지원하고 도와주며 필요할 때는 달래주는 성인이 있음을 느낄 수 있어야 한다는 것이 정말 중요합니다. 그런 느낌이 가능해지도록 하기란 그야말로 예술입니다.

  저는 유익하고 가치 있는 지식을 담은 이 책이 책장 구석에 꽂혀 잊히는 일 없이 영아 현장의 많은 교육자들에게 읽히게

되기를 기대합니다. 이 책에서 여러분은 어린아이들의 놀이를
뒷받침하고 아이들과 여러분 자신에게 많은 기쁨을 선사할
아이디어와 자극을 얻을 것입니다. 자신을 잊은 채 평화롭게
노는 아이들과 함께하고 또 우리에게 맡겨진 아이들을 놀이를
통해 깊고도 올바르게 이해한다면 얼마나 기쁜 일일까요?

2017년 3월, 부다페스트에서

* 아동심리학자인 안나 터르도시는 1998년부터 2011년까지 부다페스트 피클러 연구소를 이끌었다. 현재 연구와 저술, 강연 등을 통해 국제적으로 활동하고 있다.

Spielen ist Lernen

1

영아반,
놀이,
움직임

_____ 요즈음은 만 3세 미만의 아이들 대다수가 영아 전담 현장이나 소그룹 형태로 돌봄을 받는다. 갓난아기와 영아기의 놀이 발달에 관해서는 이론적인 연구는 많지만 현장과 관련된 실질적인 논문은 드물기 때문에, 이 자료집에서는 현장에서 겪은 체험을 구체적으로 전달하고자 한다. 아이는 놀면서 세상을 발견하고 놀이 과정에서 무언가를 시도하고 시행착오를 겪으면서 끊임없이 배우며 발달한다. 아이의 이런 발달 과정은 교육학 연구에서 충분히 확인되었다. 하지만 우리가 영아 현장에서 자유놀이를 어떻게 동반하고 적절한 놀잇감이 무엇인지, 그리고 어떻게 연령에 맞도록 주변 공간을 꾸며 주어야 하는지에 관한 구체적인 설명은 찾아보기

힘들다.

  현장 교육자라면 누구나 알듯이, 아주 어린 아이들이 그룹 안에서 만족스럽게 놀이를 지속할 수 있는 상황을 만들어 주기란 단순한 과제가 아니다. 아이들 그룹에서 자유롭고 조용한 놀이가 이루어지도록 평화로운 분위기를 만들려면 많은 요소를 고려해야 한다. 영아를 돌보는 대부분의 현장에 주어진 조건이란 충분하지 못하지만, 교사는 어떤 연령대에 있는 아이들이 무엇에 몰두하는지, 발달 시기에 따라 아이들의 관심이 무엇이고 어떤 놀잇감을 필요로 하는지, 어떻게 하면 그런 놀잇감을 가장 효과적으로 제공할 수 있을지를 물어야 한다.

  이 책은 영아들을 돌보는 직업을 가진 분들, 즉 영아반 보육교사, 원장, 교육자, "엄마랑 아기랑" 그룹을 이끄는 교사와 책임자를 위한 것이다. 이 책에서 우리는 이 모든 보육 그룹을 이끄는 분들을 교사라고 부를 것이다.

  우리의 설명은 부다페스트 피클러 연구소의 연구, 그리고 피클러 교육자들과 재교육 담당 강사진이 오랜 세월 동안 축적한 경험을 토대로 한 것이다. 재교육 강좌에서 우리는 흔히 다음과 같은 질문을 받는다. 자유놀이에서 아이들을 동행할 때 우리 교육자의 역할은 무엇인가? 어린아이가 성인과 함께 하려는 놀이는 무엇인가? 성인은 그런 놀이에 어떻게 끼어들어야 하는가? 아이들만 하도록 내버려두어야 하는 놀이 활동은 어떤 것들인가? 성인의 과제는 무엇인가? 아이가 위험해지지 않으면서도 독립적으로 활발히 움직이며 방해 없이 자유롭게 발달해 나갈 수 있는 공간은 어떻게 구성되어야 하는가? 우리는 어떤 놀잇감을 골라야 하는가? 이제 이런 모든 질문에 대해 대답해 보려 한다.

환경을 주의 깊게 구성하면 아이의 발달을 촉진하는 데 유익하다. 하지만 그렇게 구성한 공간이 주어진다고 아이가 잘 노는 것은 아니다. 어린아이는 본래 즐거움과 흥미와 호기심 때문에 놀이 활동을 한다. 따라서 즐거움과 흥미와 호기심을 위한 환경이 제공되어야 한다. 이에 대해 피클러 연구소 소장 안나 터르도시는 다음과 같이 말한다. "놀이는 어린아이의 내면에서 올라오는 욕구입니다. 놀이의 기초이자 즐거움의 원천은 놀이의 자유로운 선택, 그리고 '행위를 위한 행위', 즉 아무런 목적 없는 행위 자체입니다."

갓난아기와 어린아이는 호기심과 무한한 관심을 가지고 자기 주변을 관찰한다. 아이는 대상물을 건드리고 만지고 들어 올리고 쳐다보고 움직여 본다. 아이는 자신이 하는 행동에서 재미를 얻고, 놀이의 대상이 있는 환경에서 여러 가지 능력을 얻는 동시에 "배우는" 방법을 알게 된다. 어린아이는 스스로 움직여 세상을 정복하고, 무엇이든 손으로 잡아 보아 보고 세상을 만들어 보고 싶어한다.

이를 위해 어른은 아이가 안전하고 편안하게 놀 수 있는 분위기를 만들어 주어야 한다. 어른과의 애착 관계가 원만한 아이는 자기 관심에 따라 행동하며 새로운 것을 충분하게 실험해 본다. 이때 어른에게 주어지는 중요한 과제는 아이의 놀이를 주의 깊게 관찰하며 동행해 주는 것이다. 이런 관심과 주의력을 토대로 어른은 적절한 놀이 환경, 즉 아이의 발달 수준에 맞는 놀이 대상물들을 마련하게 된다. 이에 더하여 충분한 놀이 공간을 마련해야 하는데, 이때 그 공간은 너무 크거나 작지 않고 아이의 놀이 발달과 움직임의 발달에 알맞도록 해야 한다.

다음으로 놀이 발달 과정을 서술하고, 각 과정에 적절한 공간 구성과 적합한 놀잇감을 선별하여 제안할 것이다. 우리는 연령이 놀이 발달 단계를 구분하는 기초로 이해한다. 실제로는 아이마다 차이가 있어서 이런 틀에 맞지 않을 수도 있다.

정상적이고 평균적인 경우에도 발달 속도의 변동폭은 대단히 크다. 하지만 이렇게 큰 변동은 주로 움직임의 발달에서 나타나는 것으로, 놀이의 발달에서는 그 변화의 속도가 그다지 두드러지지 않는다.

  움직임에 대한 어린아이의 근본 욕구는 영아기의 놀이 활동과 긴밀하게 연관된다. 다시 말해 놀이의 주제와 움직임의 주제는 연결되어 있으므로, 놀이를 하는 아이는 속으로

이렇게 질문하는 듯싶다. '이 물건은 어디에 들어맞을까? 내가 이 놀이기구 안으로 기어들어갈 수 있을까? 이 헝겊 공은 비스듬한 곳에서는 어떻게 굴러 내려갈까? 나도 이 비스듬한 곳에서 미끄러질 수 있을까? 내가 내던진 저 공을 기어가서 다시 잡을 수 있을까?' 영아기에서 움직임과 놀이는 지속적으로 서로 연결되어 있고, 따라서 이 두 가지는 우리 설명에서도 온전히 분리될 수 없다.

Spielen ist Lernen

2

첫돌까지의 놀이 주제들

생후 첫 몇 주간의 놀이와 체험

신생아는 주변을 쳐다보며 움직이는 대상물들을 따라가고 공간의 구석이나 선들에 시선을 고정시킨다. 아기는 벌써 어른과 짧게나마 눈맞춤을 하며, 몇 주가 지나면 어른의 표정에 반응하고 어른의 동선을 눈으로 따라간다. 갓난아기는 주변을 눈으로 탐색한다. 그러다가 서서히 자기 손을 발견하고, 그와 함께 자신을 발견한다. "처음에 아기는 우연히 자기 손을 보게 되지만, 금세 시야에서 놓친다."고 에바 칼로Éva Kálló는 말한다. "얼마 지나지 않아 아기는 좀 더 오래 자기 손을 쳐다보게 되고, 머리와 눈으로 손의 움직임을 따라간다. 점점 움직임의 체험이 바라보는 경험과 연결되는 것이다."(이하 인용은 에바 칼로, 지요르기 벌로그Györgyi Balog, 《자유놀이의 시작》, 2013)

갓난아기는 한 손을 입으로 가져가고, 이어서 또 한 손을 입으로 가져가 빠는 과정에서 두 손을 따로따로 발견한다. 얼마 지나지 않아 아기는 두 주먹을 의도적으로 눈 앞에서 움직인다. 주먹을 쥐었다 펴고 양손을 돌려 보며, 점점 더 흥미롭게 두 손을 쳐다본다. 이런 방식으로 아기는 자기 의지대로 팔과 손과 손가락을 움직이는 방법을 배운다. 예를 들어 갓난아기는 자기 손을 돌리며 손가락을 하나씩 움직여 마치 숫자를 세는 것처럼 행동한다. 아기는 양손이 함께 움직이는 것을 발견하고는 두 손이 만나는 모습을 보는 동시에 그 접촉을 느낀다. 갓난아기는

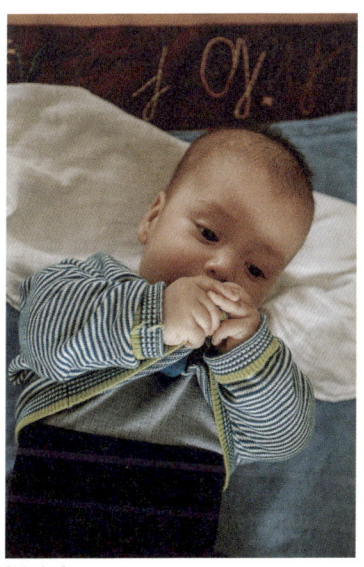

[사진 1]
아기는 생후 몇 달이 지나면 자기 손을 발견하여 가지고 논다.

점점 시감각과 촉감각을 서로 연결할 수 있게 된다. 아기는 물건을 가지고 놀기 전에 자기 손으로 충분히 만져 본다. 손을 펴고 오므리는 움직임을 해 본다. 이런 동작을 통해 물건을 잡고, 들고 있는 능력, 그리고 무엇보다 그 물건을 놓을 수 있는 능력을 준비한다. [사진 1]

아기는 누운 상태에서만 이런 기본적인 경험을 자유롭게 할 수 있다. 아기가 일찍 엎드린 자세를 취하면, 몸의 무게 중심이 가슴뼈와 아래팔에 놓여 양손을 들어 올릴 수 없으므로 팔이나 손을 쳐다볼 수도 없고 뜻대로 조절해가며 움직일 수 없다. 엎드린 상태에서 아기가 몸을 마음대로 움직이는 것은 나중에 혼자 뒤집을 수 있을 때 비로소 배우게 된다. 그 시점부터 아기는 엎드려 누워서도 양쪽 팔과 손을 이용하여 안전하게 놀 수 있다.

생후 약 3개월이 지나면 아기들은 보통 자기 옷이나 이불, 가까이 있는 수건을 만지고 잡기 시작한다. 이 시기에는 주변에 대한 관심이 강하게 깨어난다. 이제 아기가 편안해 한다면 잠깐씩 요람 밖의 안전한 장소에 뉘어 놓아도 괜찮다. 이때 바닥이 딱딱해야 아기가 발로 자기 몸을 밀어 올리는 활동을 시험해 볼 수 있다. 이런 장소로는 옛날부터 사용해

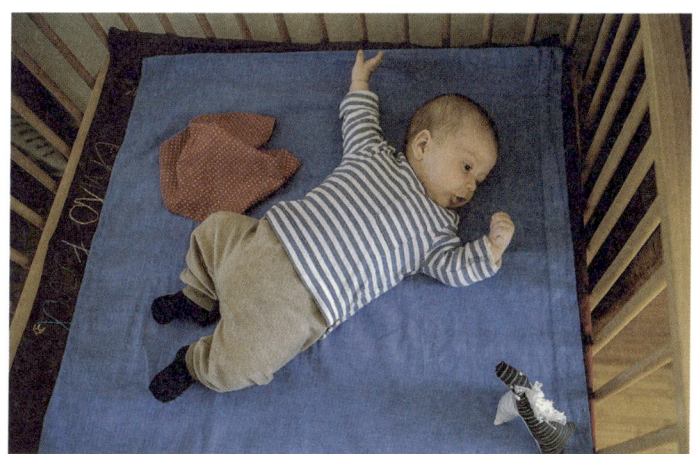

[사진 2]

[사진 3]
가정과 영아 현장에서 갓난아기는 처음에는 보호된 공간이 필요하다. 경계를 만들어 구분해 주면 아기는 쉽게 주변에 익숙하게 되고 안정감을 느끼며 자기 손과
첫 놀잇감들을 가지고 한참 평온하게 논다.
사진의 이런 첫 놀잇감은 소리가 안 나고 촉감이 부드러워서 좋다.

2. 첫돌까지의 놀이 주제들

[사진 4]

온 나무로 된 칸막이 공간이 적절하고, 아니면 바닥에 담요를 깔아주고 수유 쿠션을 이용하여 구역을 정해 놓아 아기가 공간을 휑하게 느끼지 않고 놀잇감들이 너무 멀리 밀려나지 않도록 하면 된다.

영아반에서 나무 울타리 공간은 아기에게는 안정감을 주는 장소이기 때문에 특별히 추천한다. 무엇보다 연령 차이가 있는 영아들이 갓난아기의 평온과 안정감을 방해할 수도 있기 때문이다. 영아반 그룹에 몇 명의 갓난아기가 섞여 있는 경우에는 격자 울타리로 공간을 나누어서 갓난아기들을 위한 구역을 구분 지으면 쓸모가 있다. "엄마랑 아기랑" 그룹이거나 공간 상황 때문에 격자 울타리를 반대하는 의견이 있으면 작은 담요를 깔아서 한 아이를 위한 바닥 공간을 구분해도 좋다.
[사진 2~4]

  첫 번째 놀잇감으로는 작은 순면 보자기가 아주 적절하다. 아기에게 익숙한 보자기를 아기 옆에 가까이 놓으면 된다. 이런 보자기는 아기가 쉽사리 잡고 쉽게 놓을 수 있다. 그리고 거의 무게감이 없다. 혹시라도 아기 밑에 보자기가 깔려도 아기에게 불편하지 않다.

  왜 보자기는 괜찮고 나무나 플라스틱 놀잇감은 주지 않아야 하는가? 이 월령에서는 여전히 잡기 반사 작용이 나타나므로 아기가 손으로 대상물을 잡거나 놓기가 쉽지 않다. 그래서 첫돌에서 두 돌 사이에 주는 놀잇감은 재질이 부드러워야 한다. 아기가 놀잇감에 흥미를 보이면, 그것을 아기 손에 쥐여주지 말고 아기가 그것을 발견하고 잡을 수 있도록 가까이에 놓아야 한다.

  흔히 신생아 침대 위나 유모차 앞부분에 매달아 놓는 알록달록한 줄이나 방울, 번쩍거리는 물건은 아기를 방해한다. "갓난아기는 단순히 눈으로 보기만 할 수 있고 기껏해야 우연히 건드려볼 수 있는 그런 물건들은 불필요하다."고 에바 칼로는 설명한다. "쳐다보는 물건들은 아기가 손을 섬세하게 사용하는 데 도움이 안 된다. 아기 위에서 흔들거리는 모빌 같은 놀잇감은 아기가 잡을 수 없는 물건이다. 그런 것은 아기가 돌리고 움직여 볼 수 없고, 가까이 가져오거나 밀어낼 수도 없다."

생후 4개월까지의 발달 상태

아기의 첫 번째 적응 행동:

- 아기는 주변을 보고
- 다른 사람의 움직임을 눈으로 따라가며
- 공간에 있는 선 등 두드러지는 부분을 쳐다본다.
- 아기는 자기 손으로 여러 행동을 한다.
  손을 입으로 가져가고, 손을 쳐다보고, 주먹을 쥐고 펴기도 하고, 손을 돌리거나, 손가락 하나하나를 움직여 보고, 두 손을 가까이 가져가 마침내 양손이 서로 만나도록 한다.
- 아기는 부드러운 물건을 만져 보고 움켜잡는다.

교육자의 역할:

- 현장 교사는 아기가 전체적으로 쾌적한 상태를 유지하도록 살펴주고
- 아기가 깨어있는 동안은 구역을 나눈 공간으로 이동시켜 평평하고 단단한 바닥에 눕힌다.
- 생후 3개월부터는 놀잇감을 주는데, 면으로 된 작은 천 (대략 30x30cm 크기로 단순한 무늬가 들어간 단색 보자기), 부드러운 소재로 만든 헝겊 인형이나 동물 모양 놀잇감 등이 적절하다.

생후 4~6개월

━━━━━ 약 3~4개월이 되면 아기는 가까이에 있는 천이나 헝겊 인형을 쳐다보기 시작한다. 그러고는 곧 관심이 가는 물건에 도달하려고 애쓴다. 에바 칼로가 설명하듯, "이때 아기의 첫 동작은 불안정하고, 물건이 얼마나 떨어져 있는지 가늠할 수 없다. 그래서 가까이하고 싶은 물건을 건드리거나 밀어 멀어지게도 한다." 아기는 그 물건을 건드리다가 우연히 손에 쥐기도 한다. 그러면서 아기는 자기 의지대로 물건을 잡을 수 있게 되고, 그 뒤에는 쥐고 있던 물건을 놓거나 움직이는 능력을 얻게 된다.

이제 아기는 그 물건으로 다양한 것을 경험한다. 그것을 바라보고, 입으로 가져가서 입술과 혀로 더듬어본다. 아기는 그것을 움직이고 누르고 돌리고 흔들어 본다. 처음에는 아기의 손동작이 놀잇감에 적당하지 않았다. 물건의 실제 형태와 상관없이 아기는 어떤 물건이든 같은 방법으로 손 전체를 써서 잡으려 한다. 그런 행동을 거듭한 뒤에야 경험이 쌓여 물건의 형태를 알게 되고, 그러면 물건의 형태에 알맞게 먼저 자기 손 모양을 조절하게 된다.

흔히 아기는 물건을 두 손으로 잡고는 입으로 가져가거나 관찰한다. 아기는 그것을 한 손에서 다른 손으로 옮겨 잡는 법을 서서히 배운다. 처음에는 양손을 동시에 오므렸다 펴는 것처럼 같은 방향으로 동시에 양손을 움직이기 때문에 물건을 옮겨 잡기란 쉽지 않은 일이다. 한 손을 펴고 다른 손을 오므릴 수 있는 동작을 구분하여 동시에 할 수 있을 때 아기는 비로소 한 손으로는 놀잇감을 쥐는 동시에 다른 한 손은 그것을 놓는다. [사진 5~7 참조]

생후 4~5개월이 된 아기는 아직 특정한 놀잇감에 연연하지 않는다. 그래서 그것을 놓쳐버려도 다시 찾지 않고, 눈에 띄고 잡기 쉬운 다른 것이 있으면 그것을 잡는다.

놀잇감은 아기 양쪽에 가까이 두되, 한 쪽에 네 개까지

주목할 만한 발달이 이루어진다. 아기는 잡는 행동과 놓는 동작을 능숙하게 동시에 할 수 있게 되었다. 이 월령에서는 아직 잡는 동작보다 놓는 동작이 더 어렵다.

[사진 5]

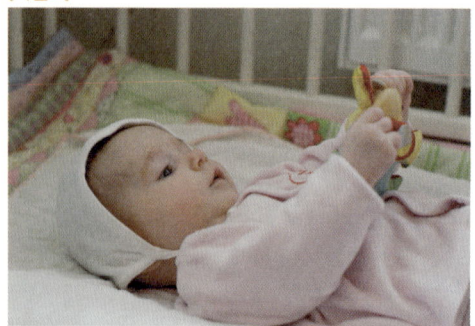

[사진 6]

[사진 7]

아기는 놀이에서 배운다

숫자를 늘린다. 아기는 점점 자기가 다시 알아보는 물건을 더 자주 잡게 되고, 이를 통해 뭔가를 좋아하게 되는 것을 배운다. 점점 더 많은 놀잇감이 그런 물건의 자리를 차지하게 되는데, 그런 놀잇감으로는 가볍고 아기의 자그마한 손으로 잘 잡을 수 있으면 충분하다. 아기가 만지고 탐색하는 놀잇감은 아기의 체험 영역을 벗어나는 자극을 주지 않는 것이어야 한다.
아기는 나무로 만든 단순한 고리 장난감을 집어 바닥이나 가구를 두드리는데, 처음에는 그 소리에 깜짝 놀라지만 이내 자신이 직접 소리를 낼 수 있다는 것을 알고는 기뻐한다. 이와는 대조적으로 방울이 들어 있는 장난감은 아무 때나 소리를 내기 때문에 아기를 어리둥절하게 만든다. 누르면 삑 하는 소리를 내는 고무 재질의 동물 장난감도 마찬가지다. 그런데 소리를 내는 구조가 겉으로 보이는 딸랑이 장난감이나 나무 고리 등의 놀잇감에 대해서는 아기는 전혀 다른 반응을 보인다. 큰 고리 안에 구슬이 몇 개 들어 있거나 짧은 막대기에 방울 몇 개가 달려 있는 그 놀잇감들은 서로 부딪치면서 소리를 내는 모습이 보이므로, 아기는 소리가 어떻게 만들어지는지, 자기가 어떻게 하면 소리가 나는지 서서히 꿰뚫어 볼 수 있게 된다. (소리를 내는 고무 동물의 경우에는 아기가 밸브를 막아버리거나 잡아 뺄 수 있다.)

생후 반년이 지난 아기는 이런 경험을 토대로 자기 의지로 소리를 만드는 법을 배운다. 이 상황을 에바 칼로는 이렇게 설명한다. "우리는 아기가 자신의 행동과 소리의 발생 사이의 연관성을 알아차렸다는 것을 아기의 행동과 표정에서 분명하게 알 수 있다. 아기는 딸랑이를 흔들면서 그것을 쳐다본다. 그리고는 딸랑이를 흔들지 않으면 소리도 나지 않는다는 것에 주목한다. 그러다 다시 딸랑이를 쳐다보고는 흔든다. 아기는 자신이 내는 소리를 들으며 기뻐하고 방긋거리다가 소리 내어 웃는다."

생후 3개월의 영아반은 이미 설명한대로 공간 안에 따로 놀이 영역을 나누어 활용하는 것이 효과적이다. [사진 43, 44 참조] 영아 그룹 안에 아주 어린아기가 단 한 명 섞여 있으면 우선 격자 울타리를 마련해주고, 나중에 그 아기의 움직임이 늘어나면 놀이 영역을 좀 크게 만들어주는 것이 바람직하다. 누워있는 갓난아기가 여럿이면 좀 더 큰 공간을 확보해 준다. 이때는 지금 아기들이 움직이는 것보다 조금 넓은 면적을 확보해야 한다. 아기는 늘 같은 위치에 눕히는 것이 바람직하다. 매번 같은 위치에 뉘이는 아기는 되풀이되는

[사진 8]
쉽게 잡을 수 있는 가볍고 단순한 물건들은 아기가 자유롭게 놀면서 경험을
쌓고 새로운 능력을 만들어가는 데 가장 큰 도움이 된다.

[사진 9]

2. 첫돌까지의 놀이 주제들

시각적인 인상을 위치를 확인하는 기준으로 삼아 자기 자리를 다시 알아 볼 수 있게 되고, 이를 통해 공간에 대한 신뢰감과 안정감을 얻을 수 있다.

이미 강조한 바와 같이 바닥은 딱딱해야 한다. 그래야 아기가 바로 누운 상태에서 바닥의 저항을 이용해서 서서히 옆으로 몸을 돌리다가 나중에 엎드린 상태가 되도록 움직일 수 있다. 밑바닥이 부드러우면 바닥의 저항을 이용하기가 어려울 수 있다. 몸통을 밀어 올리면서 아기는 움직임의 발달에 필요한 탄력 있는 근육 조직을 만든다. [사진 8, 9]

생후 4~6개월의 발달 상태

놀이와 체험
- 아기들은 대상을 더듬어 만지고 잡는 데 집중하고
- 모든 대상을 입에 넣고
- 대상을 움직이고 돌리고 누르고 흔들고
- 그러다가 마침내 대상 하나를 한 손에서 다른 손으로 옮겨 쥔다.

준비된 공간
- 안정감 있는 방향 감각을 위해서 늘 같은 곳에 있도록 하고
- 바닥은 평평하고 딱딱해야 하며
- 아주 어린 아기는 한 명씩 분리된 공간을 마련해주고
- 누워있는 아기가 여럿인 경우 영아반 안에서 별도의 영역을 만들어준다.

놀잇감의 선별
- 작은 헝겊 인형들, 소리 내지 않는 고무 동물, 아기에게 익숙한 작은 보자기
- 버들가지로 엮은 일명 '피클러 공'과 둥근 공
- 잡기에 편한 나무 고리와 딸랑이
- 짤막한 나무 사슬, 줄에 꿴 나무 고리
- 등나무 심이나 플라스틱으로 만든 가볍고 작은 바구니

생후 7~9개월

────── 생후 6개월 정도가 되면 대부분의 아기는 자기 앞에 놓여있는 장난감을 향해 몸을 움직여 그것을 잡는다. 다양한 물건을 만지는 아기의 동작은 점점 더 안정적이고 정교해진다. 아기는 먼저 자신의 두 손과 손가락을 물건의 외형에 알맞게 움직여 원하는 물건을 만지거나 잡는 방법을 배운다. 이제 아기는 장난감이 손에서 빠져나가면 이를 눈치챈다. 그러면 놓친 장난감을 눈으로 확인하고 다시 잡으려 애쓴다.

 아기가 엎드린 자세로 있을 수 있게 되면 물건을 밀거나 밀쳐내고 바닥에 이리저리 문지르고, 그것으로 바닥이나 뒤집어 놓은 플라스틱 또는 금속 용기 위를 두들긴다. 그리고 나무 구슬을 꿰어 만든 사슬을 아래로 떨어뜨렸다가 다시 주워 올리기를 되풀이한다. 또 그런 사슬을 이리저리 흔들면서 그 움직임을 관찰한다. 아기는 같은 행동을 반복하면서 즐거워한다. 그것은 마치 같은 행동이 늘 같은 결과를 보이는지 자세히 검사하거나 자신의 놀이에 작은 변화를 주려는 듯 보인다. 에바 칼로의 설명은 이렇다. "나중에 아기는 장난감을 밀쳐버리고는 다시 기어가서 장난감을 잡는 동작을 좋아한다. 아기가 '떨어뜨렸다가 다시 줍기' 놀이와 '잃어버렸다가 되찾기' 놀이를 하면서 경험을 쌓으려면 이전의 놀잇감에 더하여 새로운 놀잇감이 필요하다. 공은 새로운 놀잇감 가운데 하나다. 물론 공을 가지고 놀려면 아이는 배밀이로 기거나 손발을 움직여 기어가 공을 잡을 수 있는 단계에 있어야 한다."

영아반 아기들이 사용하는 공간은 아기들의 움직임이 늘어나는 것에 맞추어 마련되어야 한다. 예를 들어 뒹굴고 배밀이하고 손발로 기어 다니게 된 아기들은 더 넓은 놀이 영역이 필요하다. 피클러 영아교육법을 지향하는 영아반 현장에서는 공간분리대를 이용해서 식사 영역과 놀이 공간을 구분하는 것이 보통이다. 아이들이 노는 동안 한 명씩 또는 서너 명씩 밥을 먹일 수 있도록 공간을 나누는 것이다. 필요에 따라 공간분리대를 추가하여 발달이 각기 다른 아이들에게 안전한 공간을 확보해 줄 수 있다. 이렇게 공간을 나누어 주면 어린아기들은 좀 더 큰 아기들이 옆에서 놀아도 불안해하지 않게 된다. 그리고 좀 더 큰 아기들은 아직 누워있는 아기들에게 신경 쓰지 않고 원하는 만큼 활동할 수 있게 된다. 배밀이를 하거나 기어 다니는 아기들은 이 시기에 이미 단단하고 나지막한 쿠션들을 넘으면서 다양한 높이를 경험한다.

  장난감이 바닥에 잘 정돈되어 있으면, 이미 활발하게 움직이게 된 아기들은 그것들 가운데 원하는 것을 고르게 된다. 뒤죽박죽인 장난감 상자에서 원하는 장난감을 쉽게 꺼내기는 어렵다. 이 시기 아기들은 좋아하는 장난감을 금세 알아보고, 그것으로 했던 놀이 활동을 계속하고 싶어 한다. 그래서 정돈된 상태인 장난감을 보면 놀이를 하려는 욕구가 훨씬 커진다. 아기들이 자기가 좋아하는 장난감을 확실하고 쉽게 찾을 수 있도록 해주어야 하는 이유가 바로 그것이다.

생후 7~9개월의 발달 상태

놀이와 체험
- 아기는 하나의 대상에 꼼꼼하게 몰두하고
- 대상의 형태에 맞게 미리 손과 손가락을 움직일 줄 알며
- 장난감을 기억하며
- 공을 굴린 뒤 그것을 따라가며
- 물건을 이리저리 흔들고 떨어뜨리고 다시 줍는다.

준비된 공간
- 혼합월령으로 구성된 영아반은 개월 수에 따라 제각기 발달이 다르기 때문에 놀이 공간을 구분하는 것이 효과적이다.
- 아기들이 뒤집고 배밀이하고 기어 다니는 시기에는 더 넓은 공간이 필요하다.
- 기는 아기들에게는 높이 5cm 정도의 나지막하고 단단한 쿠션을 놓아 주어 넘어다니게 한다.

놀잇감의 선별
- 아기가 밀거나 움직일 수 있는 바구니 또는 그릇
- 플라스틱과 금속 재질의 접시
- 나무 또는 플라스틱 구슬로 만든 사슬
- 작은 양동이, 컵, 모래놀이용 거푸집
- 채, 거품기, 큰 숟가락
- 다양한 크기의 공

생후 10~12개월

이제 아기들은 눈에 띄게 더 움직이기 때문에 놀이 영역에 나지막하고 단단한 재질로 된 쿠션이나 사각형 구조물(단)이 있으면 도움이 된다. 그런 것에 기어오르면서 아기는 높이의 차이를 가늠하며 균형과 동작 조정을 독립적으로 시험하는 경험을 쌓는다. 구조물의 높이는 약 12cm, 14cm, 20cm정도인 것들로 하되, 바닥에 고정시키지 말고 현장 교사가 아기들의 발달 상태를 보고 적절히 제공하도록 한다. 이 시기에 아기는 비좁은 틈새를 기어서 통과하거나 큼직한 통이나 상자 안에 들어가 앉아보면서 공간을 파악하고 자기 몸을 기준으로 공간의 크기를 가늠하는 법을 배운다.

바로 이 시기에 어떤 아기들은 높이에 관심을 보여 분리 울타리나 가구 위로 올라가기 시작한다. 이렇게 아기가 공간(높이, 깊이, 틈새, 안과 밖, 위)을 탐색하는 행동은 만 한 살이 된 뒤에도 한참 이어진다.

대략 9개월이 되면 아기는 두 가지 물건을 동시에 주목하기 시작한다. 누운 채 물건 두 개를 가지고 놀 수 있다. 그러다가 의도적으로 물건 두 개를 서로 부딪쳐 소리를 내어 본다. [사진 10, 11]

10~12개월 된 아기는 엎드린 상태에서도 전과는 다른

[사진 10]

[사진 11]
갓난아기는 서서히 자라난다. 관심을 기울여 양손으로 동시에 두 가지 물건을 쥘 수 있다. 조금 지나면 아기는 이 두 물건을 비교하기 시작한다.

활동들을 한다. 아기는 손에 들고 있는 물건으로 바닥에 있는 다른 것을 두드린다. 아기는 어떤 물건을 다른 것 위에 올려놓는 데, 예를 들어 엎어 놓은 그릇 위에 모래놀이용 거푸집을 올려놓는 식이다. 아기는 손에 들고 있는 물건으로 바닥에 놓인 것을 밀어낸다. 이런 행동은 대상 하나를 이미 도구로 사용하여 손을 대지 않고도 또 하나의 물건에 간접적으로 영향을 끼쳐 그 물건의 위치를 변화시킨다는 것을 뜻한다. 이때 아기는 자신의 행위가 미치는 영향을 정확하게 관찰한다.

아기는 물건들을 서로 비교하며 비슷하거나 모양이 같은 것들끼리 모은다. 이를테면 손에 쥘 수 있는 커튼 고리 두 개를 보고는 좋아하는 것이다. 또는 서로 다른 육면체 두

[사진 12]
아기는 안과 밖의 차이를 발견하고는 공 하나를 용기 안에 넣는다.

개를 나란히 놓고 이것들이 같은 모양인지 쳐다본다. 그래서 이때부터 비슷하거나 같은 물건을 놀잇감으로 고른다.

이 시기에는 또 다른 놀이 주제가 등장한다. 아기는 좀 작은 물건을 용기(컵, 양동이, 작은 바구니 또는 옴폭한 그릇)에 담기 시작한다. 우선 아기는 물건을 쥔 손을 용기 안에 넣고는 물건을 놓지 않고 그저 쳐다보기만 하다가 물건을 쥔 손을 꺼낸다. 이렇게 노는 아기는 이제 그릇 안에 물건을 담는 다음 단계를 준비하는 것처럼 보인다. 아기는 손에 든 어떤 물건을 그릇 안에 잠깐 넣어 보고는 그것을 그 안에 둔 뒤, 새로 생긴 조합을 바라본다. 만 1세가 가까워진 아기에게서 우리는 두세 개의 물건을 용기에 넣었다가 다시 꺼내는 모습을 보게 된다. [사진12]

두 개의 대상 사이에 연관성이 있음을 알게 되면 아기는 드디어 그것들을 연결하고 다시 분리한다. 이를 통해서 아기에게는 대상을 탐색하고 학습하는 새롭고 다양한 기회가 열린다. 이런 기회를 통해 안과 밖, 같이 있는 상태와 분리되어 있는 상태가 무엇인지 체험한다. 아기는 대상의 크고 작음을 경험한다. 용기 안에 손을 넣어서 확인하는 법을 배우고 그 안에 무엇인가 있지는 않은지 손으로 만져 본다. 아기는 두

[사진 13]

2. 첫돌까지의 놀이 주제들

45

개의 물건을 무수히 많은 방법으로 같은 곳에 있도록 해본다. 용기에서 물건을 꺼내면서 함께 있던 것이 다시 두 개로 나뉘는 것을 터득한다. 이 과정에서 아기는 점점 더 작은 대상에 관심을 가지게 된다. 엄지와 검지를 이용한 "핀세트 잡기"로 바닥에 떨어진 아주 작은 것들까지 집을 수 있게 되었기 때문이다.

  확실한 목표를 가지고 두어 개 또는 여러 개의 물건을 다루는 과정에서 아기의 인지적 발달은 논리적인 사고의 시작을 알리게 된다. [사진 13~15]

[사진 14]
생후 1년쯤 된 아기가 모으거나 비우면서 즐길 수 있는 놀잇감들

[사진 15]

생후 10~12개월의 발달 상태

놀이와 체험
- 아기는 물건 두 개를 동시에 관찰한다.
- 서로 다른 물건이 비슷한 모양임을 알아본다.
- 물건을 도구로 사용한다.
- 물건을 그릇 안에 놓는다.
- 손가락을 이용한 핀세트 잡기를 배운다.
- 공간을 탐색하기 시작한다.

준비된 공간
- 좀 더 넓게 구획이 지어지고 안전한 놀이 공간
- 기어오를 수 있는 나지막한 단
- 나무로 만든 터널, 상자, 작은 경사판

놀잇감의 선별
- 다양한 크기의 바구니, 그릇, 컵
- 커튼 고리, 공, 납작한 나무조각, 아기가 용기에 담을 블록들
- 모양이나 종류별로 나눌 놀잇감들
- 생활용품: 나무 숟가락, 냄비, 플라스틱 통, 플라스틱 병, 금속 스프링이 없는 나무 빨래집게, 금속 뚜껑, 나무 실패
- 쌓기 용도의 둥글거나 각진 컵 세트, 쌓기 놀이용 나무 고리

Spielen ist Lernen

# 3

만 1~2세의 놀이

────── 첫돌 전까지 단순하던 아기의 관심은 돌이 지나고 나면 차츰 깊어지고 세분화된다. 더욱이 시간이 지나면서 상징놀이, 모방놀이, 구성놀이처럼 새로운 차원과 주제의 다양한 놀이가 더해진다. 두 돌이 지나면 구성놀이가 점점 더 큰 공간을 차지하게 된다.

물론 변화하는 놀이의 주제들은 시기적으로 서로 겹치거나 자연스럽게 바뀐다. 일반적으로 만 1~2세 아이들은 점점 제법 많은 놀잇감 전체를 파악한 상태에서 자신의 놀잇감을 선별할 수 있게 되어, 놀이가 훨씬 다양해지고 기질에 따라서는 더 개인적인 양상이 된다.

탐색놀이의 주제들

채우기, 쏟기, 옮겨 붓기, 나누기

서술한 바와 같이 아기들 대부분은 첫돌 바로 직전에 여러 가지 대상을 서로 연결하기 시작한다. 첫돌이 지난 아이는 더욱 다양한 놀이를 훨씬 더 끈기 있게 실험하며 가지고 노는 물건도 계속해서 늘어나는 것을 목격할 수 있다. 예를 들어 아이는 통에 담긴 물건을 하나씩 꺼내어 다른 통에 집어넣는다. 조금 지나면 아이는 쏟아붓기를 알게 된다. 물건을 하나씩 옮기는 대신, 이제는 통을 잡고 내용물 전체를 한 번에 쏟아 내거나 다른 통으로 옮겨 붓는다.

한 통에서 다른 통으로 옮겨 붓는 행위를 하려면 선행되는 체험이 있어야 한다. 아이는 물건의 양을 각 물건의 합이 아니라 한 덩어리로 보는 것이다. 쏟기 동작은 소근육의 조절을 요구한다. 통이나 양동이, 바구니를 어떻게 잡는가? 쏟을 때는 그 용기를 어떤 강도와 각도로 흔들어야 하는가? 그러려면 힘은 얼마나 들어가는가? 아이에게는 이 모든 것이 중요한 질문이며, 이를 위해 크고 작은 용기, 가볍고 무거운 내용물로 여러 번 되풀이하여 경험을 쌓아간다.

다음 발달 단계에 도달하면 아이는 자기가 모아 놓은 물건들을 바닥에 쏟거나 다른 용기에 옮겨 붓는 데 그치지 않고 그것들을 여러 그릇에 나누어 담아 본다. 아이는 이전보다 많은 물건이 큰 용기 하나에 들어가는지, 그 분량을 좀 작은 용기에 나눠 담으려면 몇 개가 필요한지 체험한다. 그러면서 아이는 무엇이 어디에 들어가는지 가늠하는 법을 차츰 확실하게 배운다. 그런 실험을 통해서 아이는 공간의 부피라는 기초적이고 중요한 사실을 발견한다. 처음에는 많은 물건을 너무 작은 용기에 쏟고는 그 가운데 여러 개가 용기 바깥에 떨어진 광경에 아이가 놀라는 모습을 자주 보게 된다.

이 단계에서는 영아에게 적절한 재료를 충분하게 주되 그

양이 너무 많아지지 않도록 하는 것이 중요하다.

  어른은 아이가 통에 든 내용물을 바닥에 쏟아 부어 공간을 "어지럽히는 것"이 못마땅할 수 있다. 하지만 그런 경우 아이에게 통을 여러 개 주면, 아이는 물건을 이 통, 저 통에 쏟아 부으면서 놀이를 집중적으로 하기 시작한다. 반대로 너무 많은 놀이감을 주면 아이가 혼란스러워 할 수도 있다. 그러면 아이는 놀잇감 전체를 파악할 수 없어서 놀이에 빠져들지 못할 수도 있다. 이를테면 바구니 하나에 커튼 고리가 40개나 담겨 있다면, 생후 13개월짜리에게 그 수는 너무 많다. 이와는 달리 몇 개의 그릇에 커튼 고리가 몇 개씩만 담겨 있으면 아이는 탐색하는 놀이를 오래 할 수 있다. 그 이유는 간단하다. 이 연령대의 영아는 한 눈으로 파악하여 놀잇감으로 사용할 수 있는 분량이 비교적 적기 때문이다.

  놀잇감의 적절한 분량에 대해서는 정답이란 없으며, 현장 교사만이 판단할 수 있는 일이다. 교사는 각 영아의 놀이 발달을 관찰하여 어떤 놀잇감을 얼마만큼 주는 것이 적당한지 알아내야 한다. 영아들은 놀이 공간 여기저기에 놀잇감을 흩어 놓은 채 놀이를 끝내므로, "정리하는 손"이 있어야 한다. 그래서 교사는 아이들의 놀이를 방해하지 않으면서 어지럽게 널린 놀잇감들을 수시로 정리해야 한다. 이때 같은 종류의 놀잇감임을 쉽게 알아 볼 수 있도록 정리해 주어야 아이들이 놀이에 새롭게 초대되었다는 느낌을 받게 된다.

쌓기와 집어넣기

채우기 놀이에 이어지는 놀이 주제는 쌓기와 집어넣기다. 컵, 양동이처럼 원뿔 모양의 물건을 겹쳐 놓아 위로 쌓아 올린다. 이렇게 쌓기 재료로 점점 더 높은 "탑"이 만들어진다. 이를 위해 플라스틱 컵이나 모래놀이 양동이를 같은 크기로 여러 개 준비해 준다. 쉽게 구입할 수 있는 쌓기 용도의 컵들은 서로 크기가 달라서 먼저 크기의 순서를 정해야 하므로 다루기 어렵고 놀이에 실패하는 경우가 많다. 물론 그런 컵 세트를 마련해도 좋지만, 더 쉽게 쌓거나 끼울 수 있는 놀잇감들로 보완해야 한다. [사진 16]

쌓기와 집어넣기 놀이에서 영아는 몇 개의 물건을 함께 연결하는데, 이는 앞에서 한 용기를 채우는 놀이처럼 모으거나 연결하기를 통해 새로 하나의 덩어리를 만드는 놀이다. 이렇게 쌓아 올린 "탑"은 다시 각 조각이나 몇 개의 부분으로 나눌 수 있다. 이것도 새로운 덩어리 하나를 만들고 이를 다시 여럿으로 분할할 수 있는 분량에 관한 놀이다.

집어넣기 놀이는 채우기 놀이에서 나온다. 물건으로 용기를 한층 능숙하게 채울 수 있게 되면, 아이는 입구가 작은 용기에 작은 물건들을 집어 넣는 일이 점점 더 재미있어진다. 처음에는 길쭉한 깡통이나 종이

[사진 16]
모양이 같은 원뿔이나 플라스틱 컵은 쉽게 쌓아 올릴 수 있다.

통에, 그리고 나중에는 단단한 플라스틱 용기나 두꺼운 종이로 만든 신발 상자 뚜껑에 작은 구멍을 내준다. 구멍은 나무로 된 빨래집게나 길쭉한 물건을 넣을 수 있는 크기면 된다. 집어넣기 놀이가 영아에게 특히 매력적인 이유는 통 안에 밀어 넣은 물건이 사라졌다가 통이나 병을 흔들어 털거나 거꾸로

[사진 17]
고리를 위쪽에서 끼우려면 주의력이 필요하고 양손 사용이 숙달되어야 한다.

들면 그 물건들이 다시 나오기 때문이다. 이 상황을 잘 관찰해 보면, 영아는 우선 종이 통 안에 있는 작은 공들을 손으로 다시 꺼낸다. 그리고 차츰 모든 공을 한 번에 쏟기 위해 통을 거꾸로 세워 본다. 아이는 이를 스스로 깨닫게 되므로, 통을 거꾸로 세우는 것을 보여줄 필요는 없다. 이럴 때 어른들은 도와주거나 알려주고 싶어하지만, 아이 스스로 문제 해결을 찾아야 그 기쁨과 깨달음이 훨씬 크게 다가온다. [사진 17, 18]

다양한 크기의 물건을 가지고 놀이를 하면서 아이는 자기 몸 전체 또는 신체 각 부분이 어디에 들어갈 수 있을지도

[사진 18]
무엇이 이 통에 맞을까?

[사진 19]
난 어디에 들어가야 꼭 맞을까?

궁금해한다. 이런 호기심에서 아이는 자문한다. 내 손가락이 이 작은 구멍에 들어갈까? 내 발이 이 틈새에 끼워질까? 내 몸은 이 상자에 들어갈까? 이렇게 하면서 아이는 자기 몸의

크기와 가능성에 더 익숙해지고, 크기와 거리를 더 잘 가늠하게 된다. [사진 19]

옮기기, 모으기, 비교하기, 분류하기

영아는 물건을 밀고 끌어 한 곳에서 다른 곳으로 옮기는 과정을 통해 그 물건을 움직이는 데 어느 정도로 힘을 쓰고 몸을 긴장해야 하는지를 경험한다. 때때로 아이는 의자, 보조의자, 상자처럼 아주 무거운 물건을 밀고 묵직한 방석이나 속이 가득 찬 가방을 옮기며 논다. 이런 옮기기 놀이는 물건을 일정한 장소에 모으는 새로운 놀이 주제와 연결되는 경우가 흔하다. 아이는 일정한 장소에 물건을 많이 모으기는 하지만, 아직 특별한 기준에 따라 물건을 찾는 것도 아니고 눈에 띄는 순서대로 옮기는 것도 아니다.

영아는 곧 물건들이 서로 다르다는 것을 발견하고는 비교를 통해 그것들의 공통점과 차이점을 알아차린다. 처음에 아기는 조리용 주걱과 거품기 같은 것을 나란히 놓고 그것들의 길쭉한 모양이 비슷하다는 사실을 알아차리고는 흥미롭게 양쪽을 쳐다본다. 조금 시간이 지나면 아이는 물건의 특성을 더욱 확실하게 구분할 수 있게 된다. 아이는 물건에 종류가 있다는 사실을 알게 되고, 이것이 모으기와 분류하기를 가능하게 한다.

모으기가 한참 동안 놀이거리가 된다. 처음에 아이는 자신의 활동에 집중할 뿐, 결과에는 그다지 관심을 갖지 않는다. 하지만 시간이 지날수록 결과가 더 중요해진다. 아이는 차츰 더 많이 모으고 싶어하고 모은 것을 지키려 한다. 마침내 아이는 공간 안에 있는 특정한 종류의 물건 전부를 자기 것으로 모으려 한다.

그룹에서 어느 아이가 인형이나 수건을 자기 것으로 모으려 하면 갈등 상황이 만들어질 수 있다. 현장 교사가 중요하게 알고 있어야 하는 점은, 아이의 수집 욕구는 놀이 발달의 한 단계를 표시할 뿐이므로 "소유욕"의 발현으로 오해해서는 안 된다는 사실이다. 아이는 다른 아이들과의 나눔이 필요하다는 것을 서서히 배우게 된다. 그래서 아이가 모으기 놀이를 시작하면 그 대상이 될 물건을 충분히 제공해 주어야 한다.

[사진 21]

아이는 특징에 따라 물건을 분류하면서 사물의 크기, 무게, 감촉, 형태, 색에 대한 지식을 넓힌다. 아이는 컵, 고리, 뚜껑,

자동차 등을 종류별로 배열하고, 어느 종류에 맞지 않는 것은 골라 낸다. 시간이 지나면서 물건을 구분하는 아이의 기준은 더욱 세밀해진다. 이런 놀이 과정이 더욱 진행되어 완성 단계에 이르면, 아이는 용기 하나에는 빨간 모래주머니만 담고 다른 용기에는 파란 모래주머니를 담는다. 아니면 크기에 따라 같은 종류로 구분하기도 한다.

아이는 두 돌이 가까워지면 일렬로 늘어놓기를 좋아한다.

[사진 20]
아이는 비슷한 사물을 줄을 세우기 시작하는데, 이로써 나중에 등장할 구성놀이를 준비한다.

[사진 21]
모으기, 비교하기, 분류하기 놀이는 오랫동안 이어진다.

목각 동물이든 자동차든 같은 것끼리 세워놓기도 하고 크기에 따라 정렬하기도 한다. 나무 블록, 자동차, 동물이나 조약돌 등을 마주보도록 정렬해서 아주 체계적인 조형물을 만든다. 이런 체계적인 조형은 나중에 등장하는 만들기 놀이나 구성놀이의 전초라고 볼 수도 있다. [사진 20]

첫돌 지나고 바로 시작된 모으기, 비교하기, 분류하기는 만 6세 무렵, 즉 학교에 들어가기 직전, 그리고 그 후까지 지속된다. 사물을 고르고 분류하면서 아이는 논리적인 연관성을 생각하고 분량이 다르지만 종류가 같은 것들의 동일성을 확인하는 법을 배운다. 그러다 보면 언젠가 아이는 접시마다 수저를 하나씩 놓거나 나무 토막마다 작은 인형을 올리게 된다. 형태가 다른 사물들을 이런 방식으로 나누면서 아이는 자기를 둘러싼 것들을 적극적으로 바꾸기 시작하고, 이 과정에서 아이는 자신의 생각에 따라 자기 주변의 모습을 만들어 갈 수 있음을 경험한다. 그러면서 아이는 "이건 내가 만든 거야! 내가 뭔가를 한 거라고!" 하고 말하는 듯 자주 환한 표정을 짓는다.

학습용 놀이 교구

집어넣기와 쌓기 활동은 아이로 하여금 일정한 과제를 해결하도록 자극하기 위해 고안된 분류 놀이다. 이 놀이를 위해 퍼즐 끼우기와 서로 다른 기하학적 모형을 끼워 맞추는 상자, 크기에 따라 분류하거나 서로 포개도록 된 쌓기용 컵 세트 같은 것이 있다. 마리아 몬테소리가 개발한 학습용 놀이들(일명 몬테소리 교구)도 이런 계통이다. 이런 학습용 놀이는 두 돌 무렵에 제공하는 것이 좋다. 그래야 아이의 놀이

종류가 의미 있게 확장될 수 있다.

  학습용 놀이 교구들은 과대평가되는 경우가 흔하다. 학습용 놀이 교구를 활용하는 사람들은 그런 교구를 통해 아이가 크기, 색깔, 형태를 "올바르게" 구분하는 법을 잘 배울 수 있다고 생각한다. 그런데 그런 놀이 활동은 교구가 목표로 하는 분류 과제를 풀면 끝나버린다. 그런 놀이 교구를 사용할 때는 아이 스스로 발견하고 탐구하는 활동은 거의 일어나지 않는다.

  그러므로 어른들은 그런 놀이 교구 개발자가 정해 놓은 조작법("이렇게 하는 것이 맞아!")에 얽매이지 말고 아이가 열린 방법으로 교구를 사용하도록 인도해야 한다.

  놀이 교구에는 구멍이 여러 개 있는 육면체에 여러 형태의 나무조각을 끼우는 것이 있다. 아이가 피라미드 형태를 만드는 것보다 나무조각을 꽂는 것에 더 관심이 있다면 제대로 피라미드 모양이 나오게 꽂지 않아도 상관이 없을 것이다. 아니면 나무조각들을 쌓아 올리거나 굴려보라고 할 수도 있다. 몬테소리 교구인 계단식 육면체를 가지고 동물 장난감을 위한 울타리를 만들거나 탑을 쌓을 수도 있으며, 실린더 교구 세트는 크기에 따라 분류해서 알맞은 블록에 끼우는 활동 대신 "난장이"가 외출하는 놀이에 쓸 수도 있다. 이렇게 하면

[사진 22]
끼우기와 옮겨 담기 활동을 위한 작은 물건들

아이들은 그 교구를 어른이 고안한 "학습"에 맞게 사용할지, 아니면 완전히 다른 아이디어를 내어 놀지 결정할 수 있다.

탐색놀이를 위한 장난감

탐색하는 놀이를 자극하는 다양한 물건에 관해서는 이미 언급했다. 그 가운데 특히 채우고 옮겨 넣기에 필요한 다양한

[사진 23]
만 1~2세 영아들에게는 놀잇감의 종류를 계속 확장해 준다.

용기와 작은 물건들을 제공하는 것이 중요하다. 아이가 쉽게
놀이를 시작하려면 놀잇감들이 아이를 부르는 듯 가지런히

배열되어 있어야 한다. 이를 위해서는 이른바 "놀이섬"을
마련하는 것이 좋다. 모든 장난감이 잘 보이도록 개방형
선반에 놓거나, 아이의 눈에 잘 띄도록 바닥에 준비해 둔다.
공, 플라스틱 병, 캔 등을 담아 놓은 큰 그릇 몇 개, 그 옆에는
빨래집게를 담은 작은 바구니 하나를 두고, 손잡이 구멍이
뚫린 상자 옆에는 이 구멍을 통과할 수 있는 것들을 놓아 준다.
이렇게 준비해 두면 놀잇감의 배열 자체가 아이들에게 놀이
생각을 떠오르게 만든다. 물론 이런 놀이섬을 제공하려면

[사진 24]

어른들이 하루에도 몇 번씩 정돈해 주어야 한다. [사진 22]

공간 모퉁이에 쿠션, 방석, 양털이나 담요를 깔아 쉴 공간을 마련해 두면, 아이는 놀다가 잠깐씩 휴식을 취할 수 있다.

만 1~2세의 발달 상태

탐색놀이의 주제
- 옮겨 쏟기와 나누기
- 쌓기와 끼우기
- 모으기, 비교하기, 분류하기
- 옮기기와 밀기
- 나열하기, 수평으로 조형하기

준비된 공간
- 바닥에 미리 놀잇감이 배열된 "놀이섬"
- 앞뒤가 트여 쉽게 접근할 수 있는 놀잇감 선반
- 쉴 수 있는 공간

놀잇감의 선별
- 다양한 크기와 형태의 용기들:
  그릇, 바구니, 양동이, 둥근 통, 쌓을 수 있는 컵, 플라스틱 병(뚜껑 있는 것과 뚜껑 없는 것), 골판지로 된 원통, 체
- 고리, 작은 나무 원추, 나무 블록, 나무 달걀, 나무 집게, 나무 원반, 작은 공과 금속 재질의 뚜껑
- 밀기와 옮기기 놀이를 위한 주머니, 묵직하고 작은 모래주머니, 커다란 나무 자동차와 플라스틱 자동차
- 학습용 놀이 교구이지만 다양하게 사용할 수 있는 끼우기와 쌓기 도구와 고리 피라미드 [사진 22, 23, 24]

상징놀이에서 역할놀이로

첫 돌을 지낸 지 얼마 안된 아이들을 관찰하면, 아이들이 이미 일상에서 본 어른의 행동을 따라 하는 것이 보인다. 예를 들어 마치 무엇을 마시는 것처럼 빈 컵이나 병을 입에 대고, 조리용 스푼으로 그릇을 저어보거나 무엇을 열기라도 하는 듯 열쇠뭉치를 돌린다. "가정假定 놀이"라고도 불리는 이 첫 번째 상징놀이를 할 때 아이는 처음에 혼자서만 무언가를 하는 흉내를 낸다. 그러다가 나중에는 가상의 상대를 끌어들이기도 한다. 곰 인형이나 사람 인형에게 밥을 먹이고 재운다고 바닥에 눕히고, 장난감 컵에 "커피"를 담아 어른에게 가져다 준다.

[사진 25]
이 사진에서 보이듯, 아이는 시간이 지나면서 흉내내기에 관심을 보인다. 이것을 상징놀이 또는 가정놀이라고 부른다.

조금 지나면 아이의 상징놀이에서는 원래의 행동과 연결된 현실의 사물조차 필요 없게 된다. 그저 단순한 상상이면 충분하다. 아이는 요리 재료로 잎새나 작은 돌멩이를 사용하고 나무토막으로 통화를 한다. 어쨌거나 이 시기에 놀이의 중심은 아이가 생활 속에서 경험하거나 관찰한 행동을 모방하는 것이다. [사진 25]

이 시기에 아이들이 놀면서 보여주는 행동, 움직임, 소리는 나중에 등장할 역할놀이 전에 하는 모방놀이에 속한다.

아이들은 엔진 소리를 흉내내면서 장난감 자동차를 밀고, 개 짖는 소리를 흉내내면서 여기저기 기어 다닌다. 그리고 "아가" 흉내를 내려고 똑바로 누워서 옹알이를 하며 다리를 바둥거린다. 이때부터 이어지는 발달 과정에서 아이는 자신이 하는 행동에 말을 덧붙인다. 처음에 아이는 혼자서 노는 데만

[사진 26]
상징놀이의 초기 단계인 역할놀이를 위한 놀잇감의 예

집중하지만, 나중에는 같은 주제로 놀이를 하는 다른 아이들을 보고는 같은 놀이를 한다. 이것을 평행놀이라고 부른다. 이런 놀이를 할 때 아이들은 서로를 의식하고 심지어 서로의 행동을 흉내내기도 하지만, 직접 서로 어울리지는 않으면서 자기만의 놀이 주제를 펼친다. 이어서 시작되는 역할놀이로 자연스럽게 넘어가는 과정에서는 "공사장 일꾼"이 되어 양동이를 옮기거나 정원을 가로질러 손수레를 끌면서 "공사장 일꾼 목소리"로 자기 일을 설명하거나 놀이와 관련된 말을 간단히 주고받는 등 짧은 공동 작업의 장면도 생긴다.

역할놀이가 가장 잘 발달한 형태는 아이들이 그룹을 만들어 놀이 순서를 계획하고 구성한 다음 이를 실행하는 과정에서 계속 협의를 하는 모습이다. 그런 모습을 보이려면 짜임새 있는 말과 뛰어난 사회성이 있어야 한다. 이 두 가지 능력은 만 3세 이후 유아기에 비로소 얻어지는 것이지만, 그 단초는 이렇게 이미 영아 현장에서도 관찰되며, 이 시기에 아이들이 얻는 중요한 인지적, 사회적 체험으로 이해된다. [사진 26]

상징놀이에서 역할놀이로

놀이 주제
- 상징놀이, 모방놀이, 평행놀이
- 초보적인 역할놀이

준비된 공간
- 충분히 넓은 장소

놀잇감의 선별
- 보자기, 목도리, 모자
- 큰 가방, 천 주머니, 손잡이 달린 바구니
- 인형(옷을 입힌), 천으로 만든 동물들, 인형 유모차, 인형 침대
- 소꿉놀이용 접시와 찻잔, 티스푼, 뚜껑 있는 냄비
  주방용품(거품기, 체), 조리용 그릇
- 단순한 소꿉놀이용 오븐, 가능하다면 "진짜" 냄비와 그릇들
- 작은 자동차, 목각 동물과 피규어
- 나무로 만든 기차와 선로, 크고 작은 자동차, 짐 싣고 내리는 화물차
- 커다란 종이 박스

다양한 구성놀이들

———— 이어서 구성놀이를 설명한다. 구성놀이에 속하는 것으로는 쌓기, 수채화와 연필 그림 그리기, 일상의 물건들로 자유롭게 구성하기, 모래놀이와 물놀이 등이 있다. 아이들은 첫돌이 지나면 구성놀이를 시작하고, 이런 놀이는 학교에 들어가서도 계속된다. 아이들은 구성하는 행동에서 스스로 판타지와 기쁨이라는 감정을 발달시킨다. 처음에는 주로 자신들의 액션에 흥미를 보일 뿐, 그 액션의 결과에는 별 관심을 보이지 않는다. 그러다가 차츰 계획을 세워 예정된 결과물을 지향하는 작업을 한다.

구성놀이에는 세심한 준비와 동행이 필요하다. 그래서

교사의 과제는 크레파스, 가위, 풀을 어떻게 다루는지 알려주고 재료들을 미리 준비해 주는 일이다. 특히 구조물 짓기 놀이에서는 늘 새로이 정리해 준다. 물론 이런 놀이에서도 어른은 "미리 해주기"나 "고쳐주기"를 절대 삼가야 한다. 어른이 도와주고 고쳐주면 아이들의 발달과 경험의 가능성을 방해한다.

쌓기놀이의 발달 과정

소아과 의사 레모 라고Remo Lago가 주목한 대로, 어떤 아이든 "통에 내용물을 담는 놀이를 하지 않은 아이는 탑 쌓기놀이를 하는 법이 없다." 쌓기놀이에 앞서 물건에 대한 탐색 과정이 진행된다는 것이다. 아이는 작은 블록을 입으로 가져가고 모서리와 귀퉁이와 표면의 상태를 느끼고 같은 모양의 물건들을 바구니나 작은 가방에 담아 모아 여기 저기로 옮기는 놀이를 하다가 마침내 그 블록들을 바닥에 세우면서 작은 블록들을 서로 연결해 본다.

아빠들 대부분이 생각하는 것과 달리, 아이들은 물건들을 먼저 수평으로 배열한다. 아이들은 나무 블록을 위로 쌓아 올리지 않고 먼저 옆으로 늘어놓는 것이다. 몇 달을 두고 아이들은 길이나 울타리를 만들 뿐, 성을 쌓아 올리지 않는다. 또한 아이들의 쌓기 활동은 비교적 나중에, 즉 대략 만 2세가 가까워졌을 때 시작된다. 그때가 되어서야 아이들은 블록을 서로 연결하기 시작한다.

 맨 먼저 아이는 블록조각을 바닥 위에 빈틈없이 늘어 놓아 줄을 만든다. 어느 정도 시간이 지나면 아이가 블록 하나를 집어 들고 바닥의 블록 위로 가져간다. 하지만 여전히 그 블록을 손에서 놓지는 않는다. 이런 방법으로 아이는 블록을 위쪽으로 쌓는 놀이를 준비한다. 다음 단계로 아이는 블록 두 개를 손에 드는데, 여전히 그것들을 바닥에 놓지 않는다. 이런 "공중 쌓기" 장면을 관찰하기란 짧고도 드문 일이다. 이제 비로소 아이는 나무 블록을 위로 겹쳐 놓거나 블록으로 작은 탑을 쌓기 시작한다. 서두르느라 정확하지 않게 쌓은 층은 금세 넘어진다. 이런 경험에 자극된 아이는 여러 가지로 시험해 보면서 아주 조심스럽게 층을 쌓아 안정된 탑을 만든다.

 쌓기놀이를 하면서 아이들은 물리적인 법칙을 배우고 구체적이고도 논리적인 사고와 무엇인가를 계획하는

추상적인 사고를 학습한다. 이를 통해 아이들은 공간의 특성을 "이해"하고 "파악"한다. 이때 아이들은 자신이 주변 환경을 변화시키고 새로이 만들어갈 수 있다는 사실을 체험한다. 따라서 쌓기놀이는 다양하게 변화를 시도하면서 놀이를 통해 공간을 터득하는 중요한 체험이 된다.

준비된 공간

쌓기놀이를 위해서는 확실하게 분리된 장소가 바람직하다. 바닥은 나무 블록의 색과 분명하게 대조되는 단색이어야 한다. 나무 블록은 몇 개의 용기에 나누어 담아 두고, 자동차, 사람과 동물의 피규어 등을 추가해주면 더욱 활기찬 놀이가 된다.

쌓기놀이를 위한 재료들

쌓기 재료는 많이 있어야 하지만, 동시에 아이 발달에 맞는 분량을 제공해야 한다. 소재는 채색하지 않은 너도밤나무가 좋고, 길이가 최소한 4cm는 되어야 한다. 쌓기 재료의 형태는 아이가 바닥에 평평하게 놓고 좁은 면으로 세울 수 있으면 된다. 채색한 나무 블록은 대개 너무 매끄럽고 모서리를 둥글게 다듬어서 잘 쌓아지지 않는다. 그뿐 아니라 영아반 아이들에게는 블록의 색채가 중요하지 않다. 블록에 창문, 현관문, 대문 등이 그려져 있으면 조형을 하는 아이의 기쁨이 줄어든다.

[사진 27]
쌓기놀이도 줄 세우기, "공중 쌓기", 탑 만들기라는 발달 단계를 따른다.

[사진 28]

[사진 29]

레고 듀플로 블록은 쌓기 놀잇감으로 추천하지 않는다. 레고 듀플로 블록은 눌러 끼우는 놀이에 속하기 때문에, 이런 블록들은 영아가 정적인 체험들을 쌓을 수 없다. 레고 장난감은 만 3세 이상의 유아에게 주는 것이 좋다. 그 연령대의 아이들은 레고 놀잇감을 가지고 즐겁게 논다.

어른의 역할

현장교사가 규칙을 따르면 쌓기놀이는 잘 이루어진다. 아이들은 방해 받지 않고 활동할 수 있는 특정한 공간이 있다는 사실을 알게 된다. 아이들이 블록을 던지는 일이 일어나면 반드시 어른이 개입하여 그런 행동이 위험하다는 것을 부드럽게 설명해 주어야 한다. 처음에는 영아들 상당수가 많은 분량의 블록을 어떻게 가지고 놀지 모른다. 또 어떤 아이들은 쌓기놀이를 하기에 충분히 성숙해 있지 않아서 블록을 여기저기 던져 놓기도 한다. 이런 경우는 블록 몇 개만 그릇 안에 담아 두고 용기들을 그 옆에 놓아준다. 그러면 아이는 블록 몇 개를 담거나 쏟고, 블록을 여러 용기에 나누어 담기도 한다.

그림 그리기, 일상적인 물건으로 하는 만들기 놀이

생후 3년간 아이들이 그리는 그림은 나라와 문화의 경계를 넘어서 세계적으로 비슷하다. 어린아이는 자신의 감정과 현재 몰두하고 있는 것을 그림으로 표현한다. 아이는 사물과 체험을 그림으로 표현하기 전에 오랫동안 그림이라는 매체를 의사전달의 도구로 사용한다. 이에 더하여 아이는 현실의 체험과 이때 생기는 판타지 세계를 그림으로 그려 소화한다. 아이의 낙서와 그림 그리기의 발달은 규칙적으로 일정하게 진행되므로, 아이의 그림은 그 아이의 "특별한 재능이나 능력과는 아무런 관계가 없다." 그것은 오히려 알프레트 바라이스Alfred Bareis가 강조한 것처럼, "소근육의 발달, 관찰력과 체험 능력의 발달, 지각의 세분화 및 지적 성숙과 감성과 사회성의 발달" 단계들을 반영한다.

그리기의 발달 단계들은 분명히 일정한 법칙을 따라 진행되지만, 아이의 연령과 직결된 것은 아니다. 환경 탓으로 그림 그리기를 뒤늦게 시작한 아이도 그림의 모든 발달 단계를 더 빠른 속도로 모두 거친다. 종이와 필기도구를 발견하면 아이는 흔적을 남기고 싶어한다. 그러면 이른바

[사진 30]
그림 그리기도 규칙적인 발전을 보인다. 위 그림들은 끄적거리기에서 선의 덩어리 그리기로 넘어간다.

[사진 31]

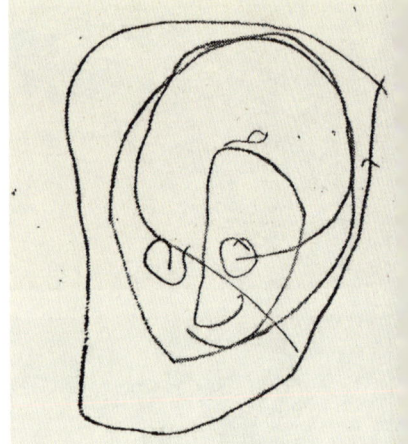
[사진 32]

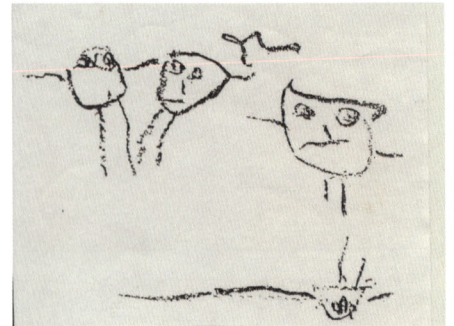
[사진 33]
첫 얼굴 그리기에서
머리에 발이 달린 사람을 거쳐
몸통이 있는 사람으로 바뀐다.

[사진 34]

"끄적거리기"로 그리기 발달이 시작된다. 만 1세가 된 뒤에 아이는 선으로 끄적거리는 그림을 수없이 만들어낸다.

맨 먼저 아이는 견갑골의 대근육 운동에서 나오는 커다란 스윙을 종이 위에 그리고 연필로 종이에 구멍을 뚫기도 하는데, 이런 행위를 하면서 아이는 온갖 소리로 즐거움을 표현한다. 시간이 지나면서 아이는 손목을 움직여 원과 나선을 그린다. 이때 아이는 어떤 사물을 그리는 것이 아니라 근육을 사용하는 능력의 발달과 밀접하게 연결된 갖가지 운동을 표현한다. 이 시기에 아이는 자기 그림에 이름을 붙이지 않고 가능한 한 많은 그림을 그리는 데만 관심을 둔다. [사진 30~34]

만 2세와 3세 사이에 아이는 처음으로 사람을 그리는 데 성공한다. 아이는 먼저 동그라미 하나를 그리고, 거기에 여러 방향으로 향하는 선을 여러 개 붙인다. 이로써 새로운 발달 단계가 시작되는데, "머리에 발이 달린 사람"이 등장한다. 아이는 중앙의 원으로 머리를 그린 다음 거기에 팔과 다리를 붙인 것이 아니라 그 그림이 사람 전체라고 생각하기 때문에, 이런 그림은 어른들에게는 좀 엉뚱해 보인다.

만 2세가 가까워지면 아이들은 골판지로 만든 통, 달걀 판, 종이 상자, 양모나 헝겊 조각, 카탈로그와 갖가지 종류의 색종이 등 일상적인 사물에 점점 더 관심을 기울인다. 아이들은 다양한 재료를 알아 가고, 이것들을 자기 생각에 따라 사용하여 뭔가를 만들기 시작한다. 맨 먼저 아이들은 종이를 찢어보고, 그런 다음 가위와 풀을 사용할 줄 알게 되면 그 재료로 뭔가 새로운 것을 만들고 싶어한다. 어른들이 먼저 공작의 결과물을 제시하면, 아이는 자기만의 물건을 만들고 싶어하는 욕구가 생기지 않는다. 그런 것들은 어쩔 수 없이 어른이 가진 상상의 세계에서 나온 것이기 때문이다. 만 3세 이후 유아교육 현장에서는 구체적인 프로그램과 그에 대한 안내가 있어야 하지만, 영아에게는 그런 것이 필요하지 않다.

준비된 공간

영아가 종이와 연필에 관심을 보이기 시작하면, 그림 그리기와 만들기를 위한 일정한 장소를 마련하는 것은 바람직하다. 그곳에는 테이블보를 씌운 책상과 의자를 두고, 그림판이나 칠판이 있으면 좋다. 밖에서는 분필로 바닥에 그릴 수 있게 해준다.

재료

종이류는 두께, 크기, 질감이 다양한 것으로 준비한다. 다양한 두께의 크레용, 사각 밀납크레용, 색연필, 연필(잘 정리하고 심을 깎은 것으로), 분필, 수채 물감(물에 희석한 물감), 두꺼운 붓이 필요하다. (유성 싸인펜은 영아에게 독소가 될 수 있으며, 너무 빨리 말라서 선이나 색칠 부분을 다양하게 표현하기 어렵다.) 만들기 작업을 위한 일상 용품들, 유아용 가위, 접착제 등도 준비한다.

어른의 역할

어른들은 그림 그리기와 만들기를 시작한 아이들이 몇 가지 규칙을 익히도록 안내해야 한다. 어린아이들이 배워야 하는 것은, 그림 그리기는 정해진 장소에서 해야 방해 받지 않고 자신의 생각을 펼칠 수 있다는 점, 책상, 벽, 그림책에는 무엇을 그려서는 안 되며 여러 가지 미술 도구를 놀이 공간으로 가져가서는 안 된다는 점 등이다. 그룹 공간 안에 책상 하나를 놓거나 예술 활동을 위한 영역을 구분하여 확보하는 것도 창의적인 만들기 놀이에 효과적이다. 모형을 대고 그리기, 색칠 노트, 본을 따라 그리기 등은 아이들의 창의성을 방해한다. 교사는 예술 활동을 위한 도구와 재료를 준비하여 아이들을 유인하는 것에 머물러야지, 아이가 스스로 이루어가는 그림 언어나 구성 작업의 기쁨에 개입해서는 안 된다.

전래놀이와 지도를 받아 하는 놀이들

교육적 관점에서는 영아반 아이들이 자신의 발달에 맞는 놀이를 주도적으로 하도록 인도하는 것이 무엇보다 중요하다. 잘 준비된 환경과 어른의 사려 깊은 동행 안에서 이루어지는 자유놀이가 하루 일과의 대부분을 차지해야 한다. 아이가 자신의 발달에 맞게 주도하는 자유놀이는 아이가 자기만의 학습을 하고 자신을 체험하고 자신감을 얻게 되는 데 보탬이 된다. 또한 문화권 안에서 전래되어 온 놀이를 어른에게 배우는 것도 좋다. 그런 문화적 가치가 담긴 놀이도 아이의 욕구에 상응하는 것이어야 한다.

어른이 아이를 이끄는 놀이로는 손유희와 몸을 움직이는

놀이, 함께 노래 부르기와 초보적인 형태의 연주가 있다.
그런 놀이를 통해서 아이들은 단순한 규칙을 배우고 정해진
동작을 따라하고 멜로디에 운율이 있는 가사를 붙여 노래한다.
만 2세가 지난 아이는 차츰 아이 스스로 그룹의 일원임을
체험하고, 그룹에서 함께 하는 활동을 즐긴다. 이런 놀이
활동은 오래 걸려서도 안되며 아이를 억지로 참여시켜서도 안
된다. 두 돌 지난 아이를 과대평가하여 조용히 앉혀 놓는 것은
아이를 힘겹게 만든다.

  책도 문화적 전통에 속한다. 단순한 그림책들은
어린아이에게 종이라는 재료에 대한 흥미를 가지게 한다.
아이에게는 책장 넘기기가 그림보다 훨씬 더 흥미롭다.
그러다가 그림이 중요해진다. 영아에게 익숙한 물건이나 아는
동물들이 분명하고 명료한 형태로 그려진 책이 적합하다.

  교사와 함께 그림책을 보는 것은 아이에게 친밀감을 준다.
그런 분위기에서 아이들은 적극적인 행동을 보이며 스스로
뭔가 말하고 싶은 그림들을 가리킨다. 아이는 확실히 한
가지 개념을 반복하는 것을 즐거워하고, 자동차나 사과 같은
그림을 실제 사물과 연결할 수 있게 된다. 그림책을 함께
보면서 아이의 묻는 듯한 시선이나 질문에 교사가 분명하게

대답해주는 과정에서 아이의 언어 발달이 촉진된다. 이런 상황이 되풀이되면 여러 개념이 점차로 아이에게 각인된다. 이때 아이에게 "이게 뭐였지?" 하고 개념을 되물어서는 안 된다. 이럴 때 무언가를 가르치려는 듯한 분위기로 말하는 것 역시 전혀 도움이 되지 않는다. 이야기를 읽어주는 것은 만 3세 이상인 유아에게 적합하므로 영아 그룹의 일과에 넣지 않는 것이 좋다.

Spielen ist Lernen

# 4

자유놀이의 교육적 동행

어른과 영아반 아이들

하루 일과와 자유놀이

시간의 짜임새를 배려하여 일과를 무리 없이 진행하는 책임은 교육자의 몫이다. 교사는 자유놀이를 위해 일정한 시간을 충분하게 확보해 주어야 한다. 영아는 어른들이 계획한 프로그램이 필요한 게 아니라 놀이에 깊이 들어갈 수 있는 시간과 여유가 필요하다. 교사가 이끄는 만들기 작업이나 "아침 열기" 같은 의식은 만 3세 이상인 유아에게 의미가 있다.

아이를 자극하는 프로그램들이 발달을 촉진시킨다고 믿는 적지 않은 부모님들에게 설명해 주어야 하는 내용이 있다. 영아의 욕구에 맞추어 만들어지고 아이가 예측할 수 있는 일과의 진행이 아이들을 외부로 데리고 나가는 행사나 때이른 자극보다 훨씬 더 교육적인 가치가 있다는 점이다. 늘 반복되는 일과는 영아에게 확실한 예정을 알려주기 때문에 내적 안정감과 편안함을 준다. 이렇게 긴장감을 주지 않는 분위기를 마련하는 것이 성공적인 자유놀이의 전제 조건이다. 다시 말해 아이들은 애를 쓰지 않아도 교사가 알아서 자신들의 기본 욕구를 충족시켜준다는 것을 느끼기 때문에 자신들이 하는 놀이에 집중할 수 있다.

현장 경험상 이렇게 짜인 일과는 단일 월령의 아이들을 작은 그룹으로 나누어 적용할 때 가장 성공적이다. 하지만 한 그룹에 다양한 월령이 혼합되어 있는 경우, 공간 두 곳을 사용할 수 있다면 아이들의 발달 상태에 따라 그룹을 둘로 나누는 것이 효과적이다. 한 그룹이 실내에서 노는 동안 다른 그룹이 바깥놀이를 하면 그런 혼합반에서 발생하는 문제를 해소할 수 있다. 교사의 지도가 없는 작업, 특별활동을 위한 공간, 주어진 제안에서 선택하기 등은 만 3세 이상의 유아에게는 흥미롭지만 영아반 아이들에게는 분명히 힘겹게 느껴진다.

영아반의 일상에서 비교적 큰 비중을 차지하는 것은 기본적인 돌봄, 식사와 수면 시간 등이다. 현장 교사에게는 아이마다 다른 욕구를 일일이 충족시키는 것이 큰 어려움이다. 기저귀 갈기, 옷 갈아 입히기, 음식 먹이기와 자립적인 식사의 시작 등의 상황은 아이마다 다르기 때문에, 어떻게 하면 이런 활동이 일과 속에서 충분히 편안하게 이루어질 수 있을 것인지가 중요하다.

그러려면 일련의 돌봄 활동이 물 흐르듯 이루어져야 한다. 영아반에서는 식사와 수면 시간이 융통성 없이 고정되어서는 안 되고, 각 아이의 상황에 따라 종일에 걸쳐 배치되어야 한다. 여기에는 몇 가지 이유가 있다. 첫째, 영아기에는 수면 리듬과 식사 리듬이 아이마다 차이가 크다. 둘째, 수면과 식사 시간이 유동적이어야 아이가 기다리지 않게 된다. 영아들은 아직 참고 기다리는 법을 모른다. 어린아이는 참고 기다릴 수 없기 때문에 기다리게 만드는 것 자체가 무리한 요구다. 그래서 영아반 아이 전원을 동시에 씻기거나 바깥놀이를 위해 현관에서 옷을 갈아 입히는 것, 또는 개별적인 도움이 필요한데도 모두 함께 앉아서 식사하도록 하는 것은 적절하지 않다.

이미 입증된 것처럼, 한 명 또는 작은 그룹이 식사를 하는 동안 나중에 식사할 아이들은 놀이를 계속하도록 하는 것이 바람직하다. 이런 방법은 현장에서 다음과 같이 진행된다. 한 교사가 그룹의 놀이에 함께하는 동안, 다른 교사는 정해진 순서대로 각 아이의 옷을 갈아 입히거나 식사를 돕는다. 개월 수가 조금 높은 영아들이면 두세 아이가 동시에 식사하도록 돕는다. 이렇게 호흡을 맞추려면 팀 안에서 분명한 조율이 필요한데, 제대로 이루어진다면 일과를 진행하는 모든 이들을 안정되고 편안하게 한다. 영아반을 떠날 때쯤에는 모든 아이가 같은 생활 리듬 안으로 들어오게 된다. 그래서 만 3세가 되면 아이들 대부분은 개인적인 돌봄을 벗어나 좀 더 큰 그룹에 적응할 수 있을 정도로 성장한다.

바라보기, 관찰하기, 이해하기

놀이를 하는 아이를 주의 깊게 바라보기를 되풀이하면, 어른은 아이의 놀이 발달 상황과 놀이의 주제를 알아차리게 된다. 이를 바탕으로 적절한 놀잇감을 선별하고 흥미를 못 끄는 물건을 치워주고 새로운 것을 추가하여 놀잇감을 확장할 수 있다. "바라보기"의 목표는 각 아이를 제대로 아는 것이며, 아이가 어제 그리고 그 전에 무엇을 하고 놀았으며 특히 무엇에 관심을 보였는지를 아는 것이다.

나아가 "관찰하기"는 놀이의 발달을 더욱 깊이 확인하여 각 아이의 발달 상황과 선호 대상을 기록하는 바탕이 된다. 이렇게 만들어진 각 아이의 상像은 동료와 부모에게도 전달될 수 있다. 정확하게 바라보고 심사숙고하는 가운데 관찰자는 질문을 이어가게 되고, 이로써 놀이에 깊이 들어가지 못하는 아이들과 그룹 안에서 아주 얌전히 있어서 눈에 띄지 않는 아이들을 간과하는 일을 막을 수 있다. 바로 이런 아이들이 어른의 특별한 뒷받침을 필요로 한다.

영아와 어른 사이의 놀이

영아와 어른 사이에 이루어지는 첫 번째 놀이는 이미 갓난아기 시기에 시작되며, 양쪽 모두를 즐겁게 한다. 생후 1년까지 아기는 "까꿍 놀이"를 주도한다. 그리고 돌봄 상황에서 어른의 요구에 대해 웃으며 어른을 놀리기도 한다. 어른이 이런 까꿍 놀이에 익살맞게 응해주면, 어른과 아이 사이에는 신뢰 가득한 애착 관계가 단단하게 만들어진다. 나중에는 공굴리기 놀이, 주고받기 놀이, 가정놀이가 어른과 아이 사이에서 이루어진다. 아이는 모래로 쿠키를 만들어 교사에게 주기도 하는데, 교사는 그 놀이에 참여해서 먹는 시늉을 한다. 아이는 이렇게 자기가 준 것을 어른이 받아 주면 매우 즐거워한다. 아이가 놀이를 주도하면 어른은 참여하지만, 어른 쪽에서 놀이를 이끌어가는 역할을 하거나 새로운 것을 제안하여 놀이를 확장하지는 않는 것이 좋다. 아이가 상징놀이에 어른을 끌어들이면, 어른은 얼마간 친절하게 함께하다가 빠지는 것이 바람직하다. 그래야 아이가 다시 독립적으로 놀 수 있게 된다. 어른은 예외 상황에서만 아이에게 놀이 파트너이기 때문이다.

언어적 동행

———— 현장 교사가 아이들과 말하는 방법은 분위기에 대단히 큰 영향을 미친다. 교사가 친절하게, 그리고 각 아이에게 개별적으로 말을 건네면, 그룹 안에 평온하고 조화로운 분위기가 만들어진다. 영아반 아이들은 아직 자신을 공동체의 한 부분으로 느끼지 못한다. 영아들에게는 어른과의 좋은 관계가 다른 아이들과 어울리는 것보다 더 중요하다. 그래서 그룹의 교사와 아이들 사이를 연결하는 언어적 끈은 근본적으로 매우 중요하다. 예컨대 옷을 입히고 벗기거나 기저귀를 갈고 식사를 도울 때처럼 교사가 아이와 가까이 있는 상황에서는 언어가 소통의 중심을 차지한다. 놀이 상황에서는

교육자가 무엇을 언제, 어떻게 말해야 하는지, 언제 어른의
말이 아이들의 놀이를 방해할 수도 있는지 물어야 한다.

 교사가 아이에게 개별적으로 말을 거는 것은 아이에게
좋은 일이다. 아이에게 말을 걸 때는 가능하면 위에서 아래로
내려다보면서 하지 말고, 그야말로 아이의 눈높이에서
해야 한다. 처음에는 영아가 어른의 말을 알아 듣기까지
한참 걸린다. 그러므로 아이가 교사의 말을 알아들었다는
반응을 보일 때까지 시간을 주어야 한다. 단순하고 분명하게,
필요하면 반복하고 차분하게 말하면, 아이는 혼란스러워하지
않고 안정감을 얻는다. 이는 영아 스스로가 아직 말을
못하거나 조금밖에 못하는 경우에도 마찬가지다. 어른이 그룹
전체를 향해 아이들의 머리 위를 지나가는 높은 목소리로
무언가를 말하면, 당황하고 불안해진 아이들은 그 내용을 거의
알아듣지 못한다.

 집중해서 놀고 있는 아이는 어른의 평가나 격려가 필요없다.
그냥 두고 시간이 좀 지나면, 놀이 결과에 기분이 좋아진
아이는 이를 교사에게 알리려고 교사의 시선을 찾게 된다.
이때가 아이에게 대답할 적절한 기회다. 아이에게 반응할 때는
중요한 것은 단순히 "잘했어!" "아주 좋구나!" 하고 감탄하지

말고 아이의 행동을 온전한 문장으로 알아봐 주는 것이 중요하다. 예를 들어, "탑을 정말로 높이 쌓았네! 이렇게 높이 올리기는 쉽지 않거든." 하고 칭찬하거나, "이 병에 빨래집게가 전부 들어가서 기쁘지? 네가 빨래집게 넣는 걸 선생님이 봤단다." 하고 말해주는 것이다. 이렇게 아이의 행동을 짧지만 딱 맞게 말해주면, 아이는 교사가 자신의 행동을 인정한다고 받아들인다. 하지만 과장된 칭찬은 아이를 혼란스럽게 할 수 있다. 아이들은 어른의 칭찬에 쉽게 의존적이 되므로, 자발적으로 무엇을 하기보다는 어른의 관심을 목표로 행동하는 상황이 만들어질 수도 있다.

  아이가 다음 놀잇감 등을 찾아 주변을 두리번거릴 때 말을 걸어주는 것은 아이에게 도움이 된다. 아이가 찾고 있는 것이 짐작되면, 교사가 그것을 손가락으로 가리키거나 아이가 무엇을 찾는지 물어 보는 것이 좋다. 아직 주변이 익숙하지 않은 아이를 위해서는 더욱 그런 조력이 필요하다. 아이의 놀이를 뒷받침하기 위해서 아이 곁에 다른 놀잇감을 놓아주어도 좋다. 이때는 "자동차가 더 필요할지 몰라서 여기에 가져왔어!"라고 짤막하게 말해 주거나 아무 말을 하지 않아도 된다.

주변을 망가뜨리지 않도록 놀잇감을 다루는 방법은 말로 알려주어야 한다. 아이들에게는 사실대로만 말하고 도덕적인 지적은 피해야 한다. 예를 들어, "애야, 네가 바구니 위에 올라서면 그 바구니가 부서져! 어서 내려와!" 또는 "그림은 종이에 그리는 거야. 벽에다 그리면 안 되지!" 하는 식으로 말해야 한다. 아이에게 이런 말을 할 때는 조용한 어조를 유지하고 이유를 분명히 밝히는 것이 중요하다. 그리고 아이가 어른의 말을 알아듣고 시간이 지나면서 따르게 될 만큼 성숙했는지 여부도 생각해야 한다. 이와는 달리 아이가 어떤 일을 할 만큼 준비되었음을 확인하고 그 일을 위한 재료를 제공해야 하는 경우도 있다. 예를 들어 색연필이라면 그것을 원래의 용도로 사용할 수 있게 되었을 때 비로소 아이에게 주는 것이 바람직하다.

아이에게 무엇을 못하게 제한하기보다는 그 대안을 제공하는 것이 도움이 된다. "쌓기 블록은 던지는 물건이 아니야. 친구가 맞을 수도 있거든. 그런데 물렁물렁한 공은 방에서 던져도 돼. 그런 공은 저기 저 상자에 있단다." 이렇게 아이의 행동 전체를 못하게 하는 것이 아니라 위험하지 않은 대안으로 방향을 바꾸는 것이다.

놀이 과정에서 다툼이 일어나는 것은 자연스러운 일이다. 어느 때는 어른의 중재가 필요한 다툼도 일어난다. 갈등 상황은 많은 경우 아이들이 해결책을 찾아내어 저절로 해결되고 양쪽이 만족해 한다. 이런 자연스러운 해결이 어른 생각에 공평하지 않다고 해도, 교사가 갈등 해결에 반드시 개입해야 하는 것은 아니다. 물론 다툼이 심각해지면 교사가 나서야 한다. 이때 교사는 한 아이를 무색하게 하거나 탓하는 일 없이 다툼을 중재해야 한다. 아이들의 달아오른 감정을 부드럽게 하고 뭔가 해결책을 제시해야 한다. 여기서 중요한 것은, 어른이 도덕적인 심판자가 되어 "가해자"와 "피해자"를 판단하는 모습을 보이지 말고, 두 아이의 처지를 고려하여 서로 다른 감정을 인정하고 위로함으로써 양쪽 아이가 다시 놀이 상황으로 돌아갈 수 있는 통로를 마련해주는 것이다. 아이들에게 꾸준히 규칙을 알려주면 갈등을 예방하는 데 도움이 된다. 예컨대 어떤 아이가 놀잇감 하나를 가지고 열심히 놀고 있으면 그것을 뺏지 말고 그 아이가 끝까지 놀도록 방해하지 않아야 한다는 규칙이 그런 것에 속한다. 같거나 비슷한 종류의 장난감을 충분히 마련해 두면, 장난감을 둘러싼 갈등 상황이 적어지고 싸움을 수습하는 데도 도움이 된다.

놀이 환경 준비하기

─────── 어린아이가 움직임과 놀이에 대한 욕구를 충분히 해소할 수 있는 환경은 어떻게 구성되어야 할까? 영아기의 어린아이들은 주로 바닥에서 논다. 이 시기에는 아이들의 발달이 빠르기 때문에, 공간 구조는 큰 번거로움 없이 쉽게 바꿀 수 있도록 되어 있어야 한다. 영아반 공간이 그런 융통성이 없는 이유는 대부분 두 가지다. 먼저 실내에 의자와 탁자가 너무 많다. 그리고 설계자의 사려 깊은 아이디어로 만들어진 다양한 높이의 붙박이 가구와 미끄럼틀 같은 것들이 문제다. 영아에게 무엇보다 필요한 것은 바닥에서 놀기에 충분한 공간, 그리고 아이가 활동적으로 움직이다가

좀 뒤로 물러나 휴식할 수 있는 공간이다. 의자와 탁자 같은 가구류는 공간을 제한하므로 최소한으로 줄여야 한다. 의자 대신 등받이가 없는 낮은 보조의자를 두면, 식사 때는 앉을 수 있고 놀이와 움직임을 위해 사용할 수도 있어서 효과적이다. 영아 현장의 붙박이 가구는 흔히 거추장스러운 데다 위험해서 지속적으로 어른의 눈길이 필요하다. 붙박이 가구는 아이들의 욕구와 발달 상태에 따라 유연하게 변형하여 사용할 수 없으므로 추천하지 않는다.

놀이 공간의 한 켠에 움직임을 위한 기구들을 준비해 두면 아이들에게 다양한 자극을 줄 수 있다. 예를 들어 경사진 나무판, 기어 다니는 터널, 옆단 모양의 구조물, 삼각 사다리와 반구 사다리 같은 것을 준비해 놓는다. 이런 기구는 아이들에게 무리가 되거나 어른의 도움을 요구하지 않는다. 활동적으로 움직이고 나면 영아들은 반드시 쉬는 공간이 있어야 한다. 이를 위해서 구석에 분리된 휴식 공간을 마련하거나 작은 침대나 큼직한 쿠션을 비치해 둔다.

혼합 연령의 아이들을 돌보는 현장에서는 공간을 나누는 것이 효과적이다. 아직 걷지 못하는 아이들은 분리된 공간에서 방해 받지 않고 마음대로 놀며 움직일 수 있어야 한다. 반대로 조금 큰 아이들에게도 쌓기놀이를 할 때처럼 작은 아이들의 방해를 받지 않도록 분리된 공간이 주어져야 갈등을 피할 수 있다.

어른은 공간 안에 있는 위험 요소를 미리 제거하고 실내 조명과 온도를 적절하게 조절한다. 어른들이 만든 장식, 자극적인 색조, 색칠한 창문 등은 아이들에게 시각적으로 혼란스럽고 필요하지도 않다.

[사진 35]

[사진 36]
아이들의 발달 상황에 적합한 놀잇감으로 공간을 채우는 것도 교사의 과제다.

[사진 37]

[사진 38]
놀이에서 물러나 쉬는 장소도 바람직한 공간 구성의 요소가 된다.

적절한 놀잇감의 배치

영아들은 보통 놀잇감이 정리되어 있지 않거나 쉽게 접근할 수 있는 위치에 있지 않으면 놀잇감을 선택하는 데 어려움을 겪는다. 그래서 이미 설명한 것처럼 놀이섬을 만들어주고 놀잇감들을 잘 정돈해 두면, 아이들이 쉽게 방향을 정하여 자신이 하고 싶은 놀이를 주도적으로 찾아서 자기 생각에 따라 놀이에 몰두한다. 배밀이를 하거나 기어 다니는 영아들을

[사진 39]

[사진 40]
"엄마랑 아기랑" 그룹의 놀이 공간

위해서는 다양한 놀잇감으로 구성한 놀이섬을 몇 개 만들어 준다. 이를 위해서는 쏟아 비우고 채우고 쌓는 놀이를 할 수 있도록 같거나 서로 다른 용기를 여러 개 준비한다. [사진 35~40]

이미 걷는 아이들을 위해서는 놀잇감을 바구니나 상자에 담아 분류하여 두거나 열린 선반 위에 놓아준다. 이에 더하여 바닥에도 놀잇감들을 두어 쉽게 찾을 수 있도록 해야 한다. 이미 걷기를 배운 아이들이라고 해도, 아직 대부분은 자신이 놀이를 계획하지 못하며, 우연히 눈에 띈 놀잇감을 가지고 즉흥적으로 논다. [사진 41, 42]

[사진 41]

[사진 42]
놀잇감은 아이들 눈에 잘 띄도록 트인 선반에 두고, 계속 정돈해주어야 한다

    어른의 과제는 놀이를 관찰하면서 영아가 지금 무엇에 관심을 보이고 무엇을 가지고 놀고 싶어하는지 알아내는 것이다. 영아반의 현장 교사는 각 아이가 전날 무엇을 가지고 놀았는지 알고 있어야 하고, 다음 날에도 같은 놀잇감을 가지고 노는지, 또 어떤 놀잇감을 추가하여 놀고 싶어하는지 주목해야 한다. 현장 교사의 이런 관심은 아이의 다음 발달 과정에 도움을 주며, 아이는 교사의 관심 어린 동행을 긍정적으로 느껴, "우리 선생님은 내가 무슨 놀이를 재미있어 하는지

알아. 선생님은 나를 잘 알고, 나는 선생님한테 소중해." 하고 느낀다.

영아 그룹에서는 늘 몇몇 아이가 동시에 비슷하거나 같은 놀이에 관심을 보이기 때문에, 여러 놀이 상황을 고려한 놀잇감을 복수로 준비해 두어야 한다. 이런 채비는 아이들 사이의 갈등을 뚜렷이 줄이고 차분하고 편안한 분위기를 만들어준다. 차분한 분위기는 결과적으로 아이들이 서로 마음

[사진 43]

[사진 44]
혼합 연령을 위해 유연하게 준비된 공간의 예. 발달 상태가 서로 다른 아이들을 위해 공간을 나누었으며, 아래 [그림 45]에서 보듯 식사 공간도 분리되어 있다.

편히 자기 놀이에 몰두하는 데 도움이 된다.

아침 등원 전에 교사는 이런 취지에 맞게 놀이 환경을 준비한다. 공간 준비는 아이들이 하원한 이후 저녁이나 등원 전 아침에 이루어져야 하므로, 이 점이 근무 계획에 반영되어 있어야 한다. 빠르게 변화하는 아이들의 발달 상황에 맞추어 공간을 적절히 준비하기 위해서는 교사들 사이에 세심한 관찰을 토대로 한 지속적인 논의가 있어야 한다. [사진 43~45]

점심 휴식 중이나 아이들이 바깥에서 노는 때를 막론하고 교사가 일과 중에 늘 놀잇감을 새롭게 정돈하는 것은 당연한 일이다. 영아반 아이들은 아직 자립적으로 치우고 정리할 줄 모른다. 정리를 도와달라고 아이를 끌어들일 수는 있다. 하지만 그런 상황은 어른이 요구한다고 이루어지지는 않으며, 아이가 어른의 활동을 모방하는 것이 즐거운 일이라는 확신을 가질 때에야 가능해진다. 의무가 무엇인지는 아이가

[사진 45]

취학 연령이 되어야 비로소 이해할 수 있고, 따라서, "네가 그걸 해야지.", "네가 이런저런 걸 하면 이런저런 걸 가질 수 있어." 하는 식으로 어린아이들이 전혀 이해하지 못하는 말로 어떤 행동을 요구하는 것 자체가 잘못이다. 심리학자인 안나 터르도시는 이렇게 말한다. "현장 교사는 당연히 정리정돈으로 일과를 시작해야 한다. 아이들에게 정리를 기대해서는 안되며, 아이들이 즉흥적으로라도 정리를 거들면 기뻐할 뿐이다. 그런 경우 어린아이는 놀잇감을 정돈하는 데 함께하는 활동의 즐거움을 체험할 수 있다. 아이가 놀고 난 다음 혼자서 장난감을 정리해야 한다는 압박을 당하지 않아야 훗날 정리정돈을 좀 더 쉽게 하게 된다."

공간 구성과 움직임의 발달

아이들이 자립적으로 놀면서 느끼는 기쁨의 강도는 움직임의 발달 정도와 관련이 없다. 아직 바닥에서 긴다거나 이미 앉을 수 있다는 등 발달 상태가 아이가 하는 놀이의 수준과 다양성을 결정하는 것은 아니다. 중요한 것은 아이가 움직이는 데 필요한 안정감이다. 혼자서 뒤집기를 못하는 영아가 엎드려 있으면 양팔과 양손은 자기 몸을 지탱하느라 사물을 탐색하는 데 사용하지 못한다. 그러니 너무 일찍 엎드려 놓으면 아기는 제대로 된 놀이와 움직임의 발달에 방해를 받는다. 아직 혼자서 앉을 수 없는 아기를 어른이 앉혀 놓으면, 아기는 균형을 잡기 위해 모든 주의력을 쏟게 되므로 길게 놀잇감에 집중할 수 없다. 하지만 아기가 도움 없이 엎드린 자세를 취할 수 있고 스스로 앉을 수 있게 되면, 근육은 힘있게 발달되었고 몸의 균형도 안정되어 있으므로 놀이에 온전히 집중하게 된다. 자신만의 리듬대로 자유롭게 움직일 수 있게 된 아기는 비교적 쉽게 놀이 상황으로 들어간다.

안나 터르도시의 연구에 따르면, 영아가 같은 자세를 유지하는 시간은 평균 2분에서 2분 30초밖에 되지 않는다. 이미 혼자서 앉을 수 있는 아기라도 한 자세를 오래 유지하지 않고 여기저기로 움직인다. 팔다리를 이용하여 기거나 배밀이로 위치를 바꾸고, 조금 기어 다니다가는 쉬기 위해 몸을 눕히고, 또는 물건을 잡으려고 누워서 몸을 쭉 뻗는다. 그리고 앉는 자세를 다양하게 바꾸고, 가구 등에 기대어 몸을 일으킨다. 아기는 이렇게 다양한 방법으로 소소한 장애물들을 이겨낸다. 따라서 놀이 환경에는 충분한 공간과 움직임을 위한

[사진 46]
아기가 배밀이와 팔다리를 이용하여 기기 시작하면 기어 오르고 기어서 통과하기에 적합한 기구를 무척 좋아한다.

적절한 기구들이 마련되어야 한다. 그 기구들이 아기에게 너무 벅차도 안되고 수준이 낮아도 안된다. 처음에는 눕기와 뒤집기를 위해 안전한 공간이 필요하고, 나중에 아기가 기어 움직이기 시작하면 좀 더 넓은 공간이 있어야 한다. 이어서 곧

[사진 47]
움직임을 위한 기구들

배밀이와 팔다리로 기어 넘어가도록 얕은 장애물을 설치한다. 뒤이어 기어서 통과하기, 기어 오르기, 밀기, 잡고 일어서기, 붙잡고 옆으로 걷기 등을 위한 공간을 준비하되, 어떤 것이든 아이들이 어른의 도움 없이도 사용할 수 있는 것이어야 한다.

영아에게는 놀이와 움직임이 서로 밀접하게 연결되어 있기 때문에, 정해진 시간에 다른 장소로 이동하기보다는 놀이와 움직임을 위한 기구들을 하나의 공간에 설치할 것을 추천한다. [사진 46, 47]

바깥 공간에서 하는 자유놀이

영아반의 바깥 공간도 실내처럼 아이를 독립적이고 창의적인

[사진 48]

[사진 49]

놀이에 끌어들일 수 있도록 준비되어야 한다. 단지 신선한 공기 때문에 실외로 나가는 것이 아니다. 영아들은 실외와 구분되어 있고 전체를 조망할 수 있는 앞뜰이 필요하다. 바깥 공간은 그룹별로 자기들만 머무는 구역으로 나뉘어 있으면 이상적이다. 중요한 것은 면적이 아니라 한눈에 들어오고 안정감을 주는 구조다. 그래야만 어린아이들이 움직이고 싶은 욕구를 자유롭게 발산하게 된다.

큰 모래밭에 그늘막을 설치하고, 움직임을 위한 나지막한 기구들(기어오를 수 있는 작은 반원형 사다리나 직육면체, 균형 잡기를 위한 나무토막)은 가장 중요한 설비에 속한다. 나무로 만든 오두막, 야트막한 둔덕과 작은 잔디밭은 어린아이들이 놀면서 다양하게 움직일 수 있게 해준다. 그네와 높은 미끄럼틀 시설은 영아반에 적절하지 않다. 아이들 혼자서 그네와 미끄럼틀을 타는 놀이는 어른의 보호와 통제 없이는 위험하기 때문이다.

밖에서 할 수 있는 놀이도 준비해 두어야 한다. 아이들이 앞뜰로 나가기 전에 교사는 미리 놀이용 부삽, 양동이, 소꿉놀이 그릇과 아이들이 좋아하는 모래놀이용 장난감을 모래 둔덕에 꽂거나 그 언저리에 놓아둔다. 인형은 깔개 위에 두고, 큰 그릇, 작은 빗자루, 손수레, 덤프트럭, 자동차와 다른 물건들을 준비한다. [사진 48~68]

아이들이 좋아하는 보비 카, 킥 보드, 세발자전거 등을 정해진 장소에 넉넉히 놓아두고 놀게 하는데, 제한된 시간만 사용하도록 해야 물이나 모래, 나뭇잎과 조약돌을 가지고 놀 시간이 모자라지 않게 된다.

놀이용 기구를 정원에 있는 창고에 비치해 두면, 현장

[사진 50]
바깥놀이 영역에는 모래밭, 데크, 물놀이 테이블을 미리 준비한다.

교사들이 놀잇감을 채워주고 바꾸는 동선 낭비를 줄일
수 있어 큰 도움이 된다. 바깥뜰에서 아이들이 식사하고
잠을 자고 기저귀를 갈고 용변 처리도 할 수 있으면 하루
일과가 수월해진다. 따라서 영아반을 위한 바깥뜰에 지붕을
설치한다면 이상적이다.

Spielen ist Lernen

5

안정감과 자유놀이

─────── 보호받고 있다고 느끼고 신체적인 기본 욕구들을 채운 아이는 기쁘게 놀고 적극적으로 행동한다. 영아반에 들어가서 적응기를 길게 가지면 교사와 믿을 수 있고 안정적인 관계를 맺는 토대가 만들어진다. 이때 비로소 아이는 교사를 신뢰하기 시작한다. 어른이 옆에 있고 내적으로 함께하며 아이에게 주목하면, 아이는 안정감을 느껴 자기주도적인 놀이를 할 수 있게 된다.

무엇보다 어른이 옷을 입히고 벗기는 시간과 식사 시간을 다정한 대화의 기회로 활용하면, 어른과 아이 사이에 신뢰

관계가 생긴다. 아이와 아이가 신뢰하는 사람 사이에서
날마다 같은 상황이 반복되면, 아이는 감정적으로 안전하고
보호받는다는 느낌이 생기고, 이런 감정을 토대로 아이는
어른이 가까이 있지 않아도 그룹에서 잘 놀 수 있게 된다.
안정적인 감정적 관계가 없으면 놀이의 즐거움은 사라지고,
그런 아이의 행동은 겉돌거나 파괴적으로 빠진다. 영아반
그룹에서 어떤 아이의 놀이에서 교사가 기대하는 만큼 내적
고요를 찾아볼 수 없으면, 교사는 아이가 어른들과의 접촉에서
불안감을 갖지는 않는지 질문해 보아야 한다. 이 경우 교사는
돌봄과 식사 상황에서 아이 하나하나가 충분한 배려를 받고
있는지 살펴보아야 한다. 혹시라도 어떤 아이가 특별히 더
많은 관심이 필요해 보이면, 돌봄 시간을 좀 더 길게 확보하여
어른에 대한 친밀감이 두터워지도록 배려해야 한다.

  영아반 그룹에 새로 들어온 아이의 적응 시기는 특별한
상황을 의미한다. 모든 아이가 집에서부터 스스로 놀이를
선택해서 자유로이 노는 것에 익숙한 상태는 아니므로,
경우에 따라서는 영아반에 들어와서 자신의 행동에서
처음으로 기쁨을 발견해야 한다. 이런 경우 교사가 아이의
관심을 일깨울 수 있는 놀잇감을 그 아이 가까이에 놓아주면

좋다. 그리고 아이가 놀이를 시작해도 교사가 그 아이 곁에 있어준다. 필요하면 아이가 적절한 놀잇감을 찾도록 제안하고 도울 수 있다. 또는 아이가 새로 시작하려는 놀이에 알맞는 놀잇감을 가져다주어 아이의 놀이를 지원할 수 있다. 이때 주의할 것은, 교사가 아이와 놀아주는 게 아니라 아이가 자기 놀이로 들어갈 수 있도록 짐을 덜어주는 것에 머물러야 한다는 사실이다.

적응기가 한참 지난 다음에도 영아반의 몇몇 아이는 아침 등원을 힘들어한다. 이런 아이들은 어떤 놀이에 스스로 들어가기 전에, 또는 다른 아이들에게 관심을 보이기 전에 가장자리에 서서 상황을 관찰한다. 이런 상황에서 교사는 흔히 그런 아이에게 놀잇감을 제공하거나 무언가를 제안하기 십상이다. 그런데 만일 그 아이가 그룹 안으로 들어가는 데 단지 시간이 좀 더 필요한 것이라면, 교사는 아이가 불안한 시기를 넘기도록 재빠르게 무엇을 제공하거나 머뭇대는 것을 도와주려고 거드는 행동을 자제해야 한다. 아이 스스로 결심하여 행동하는 아이는 외부의 제안에 따라 움직이는 아이보다 놀이 속으로 훨씬 깊이 들어가고 더욱 오래 놀이를 진행한다. 어른이 기다려주는 것도 아이에 대한 존중의 표현일 수 있다.

물론 늘 어른 가까이에 있으려는 아이들도 있다. 아이들은 누구나 어른이 하는 일상적인 활동에 참여하고 싶어한다. 예를 들어 식탁을 차릴 때, 뜰에서 낙엽을 긁어모을 때, 인형 옷을 세탁할 때 어른과 함께하고 싶어하는 것이다. 특히 현장 적응에 어려움이 있는 아이나 놀이에 쉽게 들어가지 못하는 아이에게는 어른 가까이에 붙어서 어른의 활동을 따라하는 것이 도움이 된다.

그 밖에 아이들이 어른의 동행을 필요로 하는 일반적인 경우는 장난감을 가지고 놀 때 자주 일어나는 갈등 상황이다. 영아는 물건을 다른 아이들과 나눈다는 것을 이해할 만큼 충분히 성숙해 있지 않아서, 지금 장난감을 가지고 놀고 있는 아이가 그 장난감을 계속 가질 권리가 있다는 사실을 이해하려면 시간과 연습이 필요하다. 이런 것은 사소해 보이지만 아이들에게는 커다란 갈등 상황을 만들어내므로, 교사의 균형감 있는 대처가 아이들에게 내적 안정감을 가져다 주며 그 그룹에 안정된 분위기가 형성되는 데 보탬이 된다.

동행이라는 말이 아이들을 가끔 슬쩍 쳐다보고 잘한다고 응원해 주는 것을 뜻한다고 오해해서는 안 된다. 이 표현은

오히려 적절히 가까운 거리에서 존중하되 지시하지 않는
자세를 담고 있다. 1923년에 철학자 마르틴 부버가 저서
≪나와 너≫에서 이를 묘사한 바 있다. "어떤 사람과
동행한다는 것은 그와의 관계 안으로 들어감을 뜻한다. 동행은
타인에게 길을 지시하는 것이 아니다. 동행은 그 사람 곁에
있어주는 것이다."

참고 자료

- Aly, Monika: Mein Baby entdeckt sich und die Welt. Kindliche Entwicklung
    achtsam begleiten nach Emmi Pikler, Kösel Verlag, München 2015
- Aly, Monika, Werner, Anja: Bewegung in der Krippe, in: TPS 6/2015, S.16-19
- Bareis, Alfred: Vom Kritzeln zum Zeichnen und Malen, Auer Verlag, Augsburg
    2011
- Czimmek, Anna: Emmi Pikler. Mehr als einen Kinderärztin, P. Zeitler Verlag,
    München 2015
- Franz, Margit: "Heute wieder nur gespielt" - und dabei viel gelernt!, Don Bosco
    Verlag, München 2016
- Gilles-Bacciu, Astrid, Heuer, Reinhild (Hrsg.): Pikler. Ein Theorie- und
    Praxisbuch für die Familienbildung, Beltz Verlag, Weinheim 2015
- Kietz, Gertraut: Das Bauen des Kindes. Vorstufen des Bauens. Eine Hilfe für
    Eltern und Erzieher, Kösel Verlag, München 1967
- Metzger, Roland K.: Orientierung in der Welt, in: TPS 5/2012. S.4-7
- Pichler Borger, Daniela: Pikler-Spielraum für Bewegung und selbständiges
    Entdecken, Pikler-Hengstenberg-Gesellschaft, Österreich, 2006
    (Bestelladresse:pichler-bogner@chello.at)
- Pikler, Emmi: Friedliche Babys - zufriedene Mütter. Pädagogische Ratschläge
    einer Kinderärztin, Herder Verlag, Freiburg i. Br. 2009
- Pikler, Emmi: Lasst mir Zeit. die selbständige Bewegungsentwicklung des
    Kindes bis zum freien Gehen, Pflaum Verlag, München 2010
- Pikler, Emmi, Falk, Judith, Tardos, Anna u.a.: Miteinander vertraut werden.
    Erfahrungen und Gedanken zur Pflege von Säuglingen und Kleinkindern.

Herder Verlag, Freiburg i. Br. 2013
- Seitz, Rudolf: Zeichnen und Malen mit Kindern. Vom Kritzelalter bis zum 8. Lebensjahr, Don Bosco Verlag, München 1995
- Wüstenberg, Wiebke, Schneider, Kornelia: Die Bedeutung des freien Spiels in der Pikler-Pädagogik, in: TPS 1/2015, S.28-31

사진 출처

- Arcus-Krippe, Luxembourg(룩셈부르크 소재, 아르쿠스 영아반): 사진 번호 43-45
- Alfred Bareis, Vom Kritzeln zum Zeichnen und Malen(알프레트 바라이스, "끄적거리기에서 모사하기와 수채화로": 31
- Josefine Bieler(요제피네 빌러): 5-7, 10, 12, 17, 18, 21, 25, 46
- Barbara Fahle(바르바라 팔레): 11
- Christian Henkel(크리스티안 헨켈): 3, 9, 13, 22-24, 47
- Gertraud Kietz, Das Bauen des Kindes(게르트라우트 키츠, "아이의 쌓기 놀이"): 27-29
- Rudolf Seitz, Was hast Du denn das gemalt(루돌프 자이츠, "네가 그린 것이 뭘까?"): 30
- Spielraum der Pikler Gesellschaft Berlin(베를린 피클러협회의 슈필라움): 39, 40
- Städtische-Rosel-und-Josef-Stock-Kindertagestätte, Wiesbaden(비스바덴 시립 영아전담시설 "로젤과 요제프 슈토크"): 35-37, 41, 42, 48, 50
- Wiegenstube Sonnenschein, Der Hof, Frankfurt a. M.-Niederursel(프랑크푸르트 니더우어젤 소재, 데어 호프 영아반 존넨샤인): 38, 49

인지학 영혼달력

루돌프 슈타이너 명상시 52편

루돌프 슈타이너 지음 / 8,000원
발행 한국인지학출판사

발도르프 교육과 인지학의 창시자인 저자가 봄에 접어드는 4월 첫째 주를 시작으로 1년 52주, 52개의 잠언을 모아 엮은 책입니다. 계절의 흐름에 따른 우주 순환과 자기 내면의 변화, 그리고 그 사이의 의미 가득한 연결을 생생한 이미지로 그려냈습니다.

루돌프 슈타이너 자서전

내 인생의 발자취

루돌프 슈타이너 지음 /
장석길, 루돌프 슈타이너 전집발간위원회 옮김 / 35,000원
발행 한국인지학출판사

발도르프 교육학의 창시자, 인지학 설계자가 육성으로 들려주는 깨우침의 기록이자 고백록.

인간과 지구의 발달

아카샤 기록의 해석

루돌프 슈타이너 지음 /
장석길, 루돌프 슈타이너 전집발간위원회 옮김 / 25,000원
발행 한국인지학출판사

우주와 인류가 걸어온 역사의 본질은 무엇일까? "아카샤"(우주 만물)에 새겨진 생성과 발달의 흔적은 우리에게 어떤 이야기를 들려주는가? 인간과 지구의 발달을 설명하는 루돌프 슈타이너의 인지학 논집 〈아카샤 기록으로부터〉의 한국어 초역본.

유아 그림의 수수께끼

성장의 발자국 읽기

미하엘라 슈트라우스 지음 /
여상훈 옮김 / 24,000원

발도르프 교육의 고전, 영유아기 그림 언어에 담긴 수수께끼를 풀어주는 열쇠.

철학·우주론·종교

인지학에서 바라본 세 영역

루돌프 슈타이너 지음 /
루돌프 슈타이너 전집발간위원회 옮김 / 13,000원
발행 한국인지학출판사

괴테 세계관의 인식론적 기초

루돌프 슈타이너 지음 / 14,000원
박지용 옮김 / 발행 한국인지학출판사

슈타이너 인지학의 정신과학적 토대가 된 괴테의 통찰

칸트 인식론을 극복할 단초를 발견하여 이를 체계화하는 사상적 여정을 그린 역작이다.

한국인지학출판사
KOREA ANTHROPOSOPHY PUBLISHING

www.steinercenter.org | waldorfnews.co.kr
서울시 마포구 독막로 230 (신수동) 우리빌딩 2층 02-832-0523